表象の組織論

内藤 勲＋涌田幸宏 編著

中央経済社

はじめに

　「表象の組織論」という表象は一般的に使われる表象ではない。しかし，組織論あるいは社会科学の分野で表象の役割に注目した研究は少なくない。筆者は，2003年に『価値創造の経営学―「驚き」がうみだすダイナミクス』を編著者として上梓する際，そのはしがきに次のような文章を書いている。

　　この主観と客観の立場を統合するための鍵となる概念が「表象」である。本書は，「驚き」を鍵とする価値創造をテーマとしているので，「表象」に関しては深く追求していない。しかし，以前から展開されているコミュニケーションの議論の焼き直しではなく，あるいは，最近のミームのアナロジーでもない，主観と客観を統合する鍵概念が「表象」ではないかと考えている。

　主観と客観の統合に限らず，我々の社会における秩序の形成やその変遷に「表象」の果たす役割は大きいと考え，筆者は研究の方向性を「表象」に向けてきた。そのような折りに，組織現象における「表象」の位置づけを問う『表象の組織論』という統一論題テーマで組織学会2015年度年次大会を開催する機会を得た。その主催校挨拶の中で，統一論題の中の「表象」の位置づけについて次のように表明した。

　　「表象」は「何か」を用いてモノやコトといった対象を表現することであり，社会的な表象としては言語表象「ことば」が中核となります。「ことば」とそれが表象する対象は同一ではありませんが，社会科学では原則として「ことば」の表象作用には触れることなく「ことば」を使って研究

が展開されます。しかしあえて,「ことば」が対象を表象していることに注目する立場があって良いと私たちは考え,今回の年次大会では通常はそれほど注目されない「ことばによる表象」に注目してみることにしました。

　年次大会では,「表象の組織論：イントロダクション」「ことばとマーケティング」「組織科学におけることば」「ことばから読み解くリーダーシップ」「イノベーションとモノ・コト・ことば」「ことばと実践」という6つのセッションと基調講演・特別講演を通じて19人の先生に報告と講演をしていただいた。本書は,その中の6人の報告者が報告の内容を練り直して,組織現象と言語表象との関係を多角的に考察したものである。

　第1章では,本書を通じての表象の位置づけを明らかにしている。第Ⅰ部（第2～4章）では,組織水準あるいは社会水準で秩序が形成される際の表象の役割について議論している。第Ⅱ部（第5～9章）では,ことばにだけ注目するのではなく,モノ・コト・ことばの3側面からイノベーションについて議論することを通じて,イノベーションにおけることばの役割を浮き彫りにしている。第10章では,秩序形成もイノベーションも社会的な知識の変化ととらえて,全体の総括をしている。

　もちろん,ことばがすべてではない。第10章の最後の表明をここでも述べておこう。

　　我々は唯名論に立脚するのではない。しかし,我々は社会で生起しているモノ・コトを純粋に見ているのでもなく,体験しているのでもない。ことばを介して,あるいはことばを付随させながら経験している。我々は,自らの経験を整理するに際しても,研究を進めるに際しても,ことばによる表象に依拠していることを忘れてはならないだろう。

　最後に,本書を完成するに当たって協力していただいた執筆者に感謝を表したい。特に,要所で適切なコメントをいただいた共編著者の涌田幸宏先生

には，記して感謝したい。また，本書刊行のきっかけを与えていただいた組織学会に感謝するとともに，本書の刊行の機会を与えてくださった中央経済社にも感謝申し上げたい。

2016年　初春

執筆者を代表して

内藤　勲

目　次

はじめに

第1章　組織研究における表象の意義　1

1　ことばのカテゴリー化機能 ―――――――― 1
2　市場の秩序化装置としての表象 ―――――― 3
3　表象と馴致化 ―――――――――――――― 5
4　表象の利用と正当化 ――――――――――― 7

第Ⅰ部　秩序形成と表象

第2章　アジェンダ・セッティングにおける表象のフレーミング　12
―「地産地消」を事例として―

1　はじめに ――――――――――――――― 12
2　理論化とフレーミング ――――――――― 13
3　地産地消のアジェンダ・セッティング ―― 18
4　農協における地産地消の動向 ―――――― 31
5　結　語 ――――――――――――――― 37

第3章 表象概念に基づく事業創造の理解に向けて　42

1　はじめに ─── 42
2　「言語論的転回」─── 43
3　ナラティブとストーリー ─── 45
4　事例──カンディハウスの創業 ─── 47
5　事業創造のストーリー分析 ─── 55
6　事業創造の表象論的アプローチ ─── 58
7　結　語 ─── 69

第4章 老舗企業の実践的継続性と表象　72

1　はじめに ─── 72
2　老舗企業の実践的継続性と表象にまつわる分析視角の検討 ─── 73
3　事例──ミツカングループ ─── 78
4　結　語 ─── 86

第II部　イノベーションとモノ・コト・ことば

第5章 社会とことば　96

1　はじめに ─── 96
2　イノベーションの異と同 ─── 97

3　知ることから知識へ ——————————————— 100
　　4　知識の在り様 ——————————————————— 103
　　5　結　語 —————————————————————— 109

第6章　モノの存在とイノベーション　　111

　　1　はじめに ————————————————————— 111
　　2　モノによるイノベーションの創出 ————————— 112
　　3　事例分析—森下仁丹のシームレスカプセル ————— 117
　　4　結　語 —————————————————————— 122

第7章　コトづくりとイノベーション　　125

　　1　はじめに ————————————————————— 125
　　2　モノづくりとコトづくりの関係性 ————————— 126
　　3　モノ・コト・ことばの意味 ———————————— 129
　　4　モノ・コト・ことばの関係性 ——————————— 130
　　5　コトづくりのプロセスと普及のメカニズム ———— 132
　　6　かすがいKIZUNAの事例 ————————————— 135
　　7　結　語 —————————————————————— 142

第8章　ことばとイノベーション　　145
　　　　—再生可能エネルギーの意味創造—

　　1　はじめに ————————————————————— 145

2 ことば・資源動員・イノベーション ─── 147
3 太陽電池開発の始まり―意味創造による資源動員 ─── 150
4 新エネルギーの意味創出とイノベーション ─── 152
5 エネルギーミックスをめぐることば ─── 155
6 結　語 ─── 157

第9章　モノ・コトの力とことばの力　　161

1 はじめに ─── 161
2 モノの視点から見たコトとことば ─── 162
3 コトの視点から見たモノとことば ─── 166
4 ことばの視点から見たモノとコト ─── 169
5 モノ，コト，ことばに焦点を合わせる意義 ─── 173
6 結　語 ─── 181

第10章　知の形成と表象の役割　　184

1 個人水準の知から社会水準の知へ ─── 184
2 社会水準の知 ─── 190
3 秩序化と表象 ─── 195

参考文献／203

第1章
組織研究における表象の意義

1 ことばのカテゴリー化機能

　「ことばは世界を切り分ける」。言語心理学者の今井むつみ氏は，ことばの機能をこのように表現している。たとえば，我々は「いぬ」や「りんご」など同じ種類のものをひとくくりにして名前をつけ，他の動物や果物と区別している。また，「走る」，「跳ぶ」という動作や「前」，「右」などの物と物との空間的な位置関係も同様である。ことばは，無限に存在する個体や事象を，ある共通点に基づいてカテゴリー化し，ラベルを貼ることで世界を整理しているのである（今井，2010）。

　本書の主題である「表象」は，まさにことばの問題である。一般に，表象（representation）とは，具体的あるいは抽象的な事物を，何かで表すことをいう。たとえば，死後の世界という抽象的なものを，絵画や音楽で表現したり，「天国」ないし「地獄」ということばとその説明文で記述したりする。ただし，絵や音楽もその意味を他者に伝える場合には言語が使われることから，表象の最も根本的な要素はことばであると考えられる。そのため，本書では特に言語表象を対象とし，以下，これを単に「表象」とする。なお，個々人の心の中に思い浮かんだ観念やイメージを表象と同義とすることもあるが，Sperberは，これを「心的表象」とし，心的表象がことばとして記述または発話され，流通可能となったものを「公共的表象」として区分し，表

象の社会的伝播（感染）を考察している（Sperber, 1996）。組織研究の場合，行為者の相互作用という社会的なプロセスを対象とするため，本書では「表象」を，後者を指すものとして取り扱う。

　Hall（1997）は，言語を通じて対象物（物，人，事象）を表象することは，以下の2つのプロセスを経てなされると説明している。第1のプロセスは，対象物と一連の概念が相互に関係づけられることである。こうした関係が構築されることで，我々は世界を意味のあるものとして解釈し理解することができる。また，我々は，概念間をさまざまな形で組織化し，まとめあげ，分類することによって，概念間の複雑な関係を創り上げている。たとえば，黒雲，上空での閃光，ゴロゴロという音は，雷という概念と関連づけられ，やがて夕立が来ると予測される。稲光や雷鳴は，雷の概念の構成要素（階層的関係）として理解され，雷と夕立は連続的要素（因果的関係）として認識され分類される。

　我々は，厳密に言えばそれぞれ異なる概念マップを持ち，独自に世界を解釈しているが，同じ文化に属していれば，ほぼ共通した概念マップを持っているとみなすことができる（Hall, 1997）。しかしながら，我々が意味や概念を交換するためには概念マップの共有だけでは十分ではない。共有された概念マップが共通の言語に翻訳されて，コミュニケーションが行われる。これが，表象することの第2のプロセスである。Berger and Luckmann（1966）によれば，ことばは，我々の生活過程で生起するさまざまな経験を対象化することを可能にするばかりではなく，経験を類型化し匿名化する。ある日個人が直面した主観的に特異な経験は，ことばによって一般的なカテゴリーに類型化され，第三者にとって意味のあるものとなり，誰でもそれについて想像し，経験しうるものとなるのである。

　ところで，表象するという行為は，既存の概念マップに当てはめて物事を言い表すだけではなく，新たな類型をつくり出し，名づける行為を含んでいる。新たに事象を表象するということは，多様な世界から一部を切り出し，意味のあるものとして秩序化することでもある。たとえば，「女子会」とい

う表象を取り上げてみよう。女性だけの食事会は今に始まったことではなく，昔から一般的に見られるイベントである。しかし，こうした集まりが「女子会」と表象されることで，居酒屋での飲み会も高級フレンチレストランでの食事会もみな「女子会」としてカテゴリー化され，他の集まりと区別されて特別な存在として認識されるようになっている。特定の事象が表象されクローズアップされると，それに向けた商品開発がさまざまな業界で展開されたりもする。

では，組織が新たな市場カテゴリーを創造し，表象することで生み出されるダイナミクスとはどのようなものであろうか。とりわけ，ここでは2つの局面に注目をする。1つは，新たな市場カテゴリーを表象する（名づける）ことによって，市場を明確化し秩序をもたらすプロセスである。表象は，モノ・コトの意味づけを変化させ，それらの関係を組み換えることができる。そして，もう1つは，表象の利用局面である。すなわち，表象が，言説を通じて価値や規範を注入され正当化されると，さまざまな主体によって利用され，そのもとで多様な活動が展開されていく。以下，本章では，表象研究の意義としてこの2点について論じてみることにしよう。

2 市場の秩序化装置としての表象

競争はある種の均衡状態であり，企業は所与の産業に参入し競争する。近年，こうした「構造としての競争」概念にかわり，産業の境界は確定しておらず，競争を通じて定義されるとする「プロセスとしての競争」概念が提示されている（石井，2003）。市場カテゴリーを表象することの重要性を指摘した研究はさほど多くはないが，表象が市場を安定させることを示したのが，Rosa, Porac, Spanjol and Saxon（1999）である。彼らによれば，生産者と消費者は，お互いの選好と能力について不完全な知識しか持っておらず，取引は曖昧である。生産者や消費者にとって市場はすでにあるものではなく，その境界線ははっきりとはしていない。市場が第一義的に存在するようにな

るのは，取引のなかで，お互いが製品や製品カテゴリーを定義し，合意したからであるという。

　Rosa *et al.*（1999）は，こうした市場の認知的なダイナミクスを示すために，北米のミニバン市場を例に挙げて考察している。1983年，クライスラー社は，従来のフルサイズのバンよりも小型であるが，家族など多人数が乗ることができる新型車"ダッジキャラバン"を発表した。当時，家族用自家用車は欧州では展開されていたが，北米ではなじみのないものであった。クライスラー社の"ダッジキャラバン"は，こうした黎明期で名前のない市場に具体的な形を与えたのである。しかも，ある市場調査会社がこれをプロトタイプとして「ミニバン」というカテゴリー名をつけることによって，市場が安定化へと向かっていった。すなわち，"前輪駆動"，"低床構造"，"シートの組み替えによるレイアウト変更"，"7人乗り"，"スライド式のドア"，"後部の広い荷物スペース"など，類似した属性を持つ車が"ミニバン"のカテゴリーに組み込まれ，生産者と消費者の双方に"ファミリー・カー"という概念システムが定着していったのである。ダッジキャラバンという表象は，「経験的に同様の製品（たとえば，トヨタバン，フォルクスワーゲン・バナゴン）の表象とともに抽出され，他の製品グループ（ステーションワゴン，乗用車，トラックなど）との関係の中で，これらの製品を要約するようにカテゴリーラベルが発展するときに，キャラバンは"ミニバン"となるのである。」（Rosa *et al.*, 1999, pp.66-67）。

　企業にとって必ずしも市場や競争者は所与ではない（Porac, Thomas, Wilson, Paton and Kanfer, 1995）。製品をどのように表象するかによって，競争者が明確にされ，市場の境界が定義される。このように，表象は，モノ・コトを類型化し，それに意味を与えて秩序化をはかる機能を果たしている。

3 表象と馴致化

　表象の秩序化という機能は，別の面から見れば，市場に新たに登場した馴染みのないモノ・コトがよく知られたものになっていく過程でもある。社会心理学の分野で，新奇な（unfamiliar）事象が馴致（familiarize）され，どのように安定した社会的現実として定着していくのかを分析する理論として，社会的表象論が知られている（矢守，2001）。その代表的な研究者であるMoscovici（1984）によれば，社会的表象は現実を慣習のなかに取り込んでいくとともに，他方で，伝統や古くからの構造を通じて，我々の知覚やイメージを規定していくという。まず，前者の慣習的側面とは，表象が，新奇なものを以前から人々が共有しているカテゴリーに当てはめて定着させることを意味している。たとえば，彼によれば，「地球は丸い」という奇異な観念は，ボール状の球体という1つの模範的なモデルとして，地球を言い表すことで受容されているのである。一方，表象の規定的側面とは，個人の思考が表象によって規定されることである。Moscoviciによれば，西欧社会の場合，子供に対する母親の振る舞いがしばしば精神分析用語を使って表現されるという。我々は，新奇なモノ・コトに直面したとしても，すでに正当化されたことばで説明することで馴致されたものへと変換しようとするのである。

　さて，Moscovici（1984）は，新奇な事象が馴致化されるメカニズムとして，係留（anchoring）と物象化（objectification）を指摘している。係留とは，新奇な対象に命名し，それを通常のカテゴリーや既知の事象に擬えて理解することである。たとえば，精神分析という特異な事象は，教会における懺悔・告白，病院での医療行為など，日常生活でなじみ深い事象に喩えられて，フランス社会に馴致されていった（Moscovici, 1961；矢守，2001）。一方，物象化とは，抽象的なものを具体的なイメージとして表現し，見たり触れたり語ることができる現実味のあるものとすることによって，あたかも以前から存在していたかのように認識されるようになることである。抽象的な

概念を可視化し，画像化することで，より現実的な実在として認識され，コミュニケーションを通じて共通の存在となる。こうした係留と物象化のプロセスは，典型的な先例がつくられ，それが論説や報道を通じてイメージとして社会に伝達されることによって機能する。Moscoviciは，典型的先例の具体性の影響力について以下のように述べている。

　典型的先例が支配力を持つのは，私の思うに，その具体性や鮮明さが，我々の脳裏に刻み込まれ，それ以降，典型的先例とはかなり異なる個々の事例やイメージに対しても，それらを定義する"モデル"として使われるからである。したがって，典型的先例や典型的イメージは，個別的で具体的な様相のなかに，モデルとなり得るような抽象性を蔵している。そして，この抽象性こそが，典型的先例や典型的イメージをして，社会の主要な営みを可能ならしめている。それは，個々の事例やイメージから，集合を創出することである。(Moscovici, 1984, 邦訳35頁)

　八ッ塚(2007)は，Moscoviciの所説に依拠して，「ボランティア」という社会的表象の生成・変容について次のように説明している。「ボランティア」の重要性，有用性が強く認識されるようになったひとつの大きな契機は，衆知のように1995年に起きた阪神大震災であった。震災当時，被災地につめかける人，水や物資を運搬する人，炊き出しをする人がマスコミによってクローズアップされた。これらの人々はたとえば「市民有志」，「救護挺身団」とは表現されず，当時，主として福祉や国際交流関連で使われていた「ボランティア」という用語に組み込まれカテゴリー化された(係留)。物資の運搬，炊き出し，瓦礫の片づけなどは，それぞれ別々の行為であるが，これらが包括的に「ボランティア」と命名され，災害現場に駆けつけた市民が行う典型的な救援行為と認識されることによって，「ボランティア」という同一不変の実体が背後にあるという取り違えが生じた(物象化)。そして，現実味を付与された「ボランティア」という実体が，人々の間のコミュニケー

ションを通じて広く流通し社会の中に普及していったのである[1]。

4 表象の利用と正当化

　先に，我々は表象が思考を規定するという，Moscoviciの考え方について触れた。ことばが思考を誘導するという点では，Wright Millsの「動機の語彙」（vocabularies of motive）という概念に通じる視点であろう。通常，我々は，動機を個人に内在した心理的・精神的な行為の駆動要因として理解している。それに対して，Mills（1940）は，動機の帰属づけとその言語的表現は社会的コンテクストのなかで生起するものであり，動機は社会現象として理解されなければならないと主張する。すなわち，特定の状況でなぜその行為を行ったのかを説明する場合，その行為を正当化し，大義名分がたち，自他ともに理解可能なかたちで動機が表現される。どのような場合にいかなる表現が妥当なのか。こうした特定の状況によって類型化された動機の表現が「動機の語彙」である。Mills（1940）は次のように記している。

　　十分な，あるいは，適切な動機とは，それが他者のものであると行為者のものであるとにかかわらず，行為やプログラムについて問う人を満足させる動機のことである。ある状況におかれた行為者や他の成員にとって，動機は，ひとつの合い言葉として，社会的・言語的行為にかんする問いへの，疑問の余地のない解答として役立つ。（邦訳，347頁）

　Mills（1940）によれば，動機の語彙は，「何が正しくて，どのようなことが妥当なのか」という知識と密接に結びついている。換言すれば，特定の時代，特定の集団，特定の状況において受容された価値や規範を反映したかたちで表現されたものが動機の語彙であり，それを付与されることによって行為が正当化されるのである。こうした彼の視点は，Meyer and Rowan（1977）の制度的同型化という概念に受け継がれている[2]。彼らは，制度的

ルールに合致したことばで,手続き,組織目標,政策,組織図が記述されることによって,組織は合理的で社会的に受け入れられる存在となるとして,制度的同型化の最も重要な局面は組織的言語の進化であると主張している。制度的同型化の本質は,組織形態や実践が同質化するのではなく,近代的な価値という信念への同型化であり,組織フィールドにおいて,組織のシンボリックな特性が他の組織のそれと相似していくプロセスなのである(Glynn and Abzug, 2002)。

　表象がある価値や規範性を帯びて正当化されると,さまざまな行為者がこれを参照し,喚起された利害を充足するために表象を解釈し利用していく(Zilber, 2006)。組織研究における表象の第2の意義は,社会的に認知された表象が利用されていく局面に関係する。いわば,「表象的同型化」(representative isomorphism) のダイナミクスである。

　たとえば,松井(2013)は「癒し」と表象された商品が業界を越えてさまざまなグッズやサービスに広がっていくプロセスを詳細に分析している。しかも,玩具業界や音楽業界においては,癒しニーズを充足させるために商品が開発されたというよりも,ヒットした理由を回顧的に癒やしに求める,というように競争を通じてニーズが発見されていった。また,「癒し」商品が拡大していくにつれて,当初は精神的な用語であった「癒し」が,世俗化していくという形でその意味づけが変化していったのである。松井(2013)は,ブームの広がりを,「癒し」ということばが言説を通じて「時代のキーワード」となり,世の中の出来事を説明する図式(フレーム)となったと説明している。

　ここで,ポスト構造主義的な発想をするならば,2項対立する概念の境界はしばしば曖昧である。ある概念はそれと対になる概念があってはじめて意味を持つ。たとえば,「裕福」は「貧困」との関係のもとで考えることができる。しかし,実際には,裕福と貧困との境界は明確ではなく,人によって異なるし,文化や時代によっても違うかもしれない。「癒すもの」とそうでないものとの差異も同様である。表象はそれが多様な人々によって参照され,

繰り返し利用されることで，新たな解釈が生み出され，意味のズレが発生するのである[3]。イノベーションの普及を，こうした表象の生成と変容のプロセスから捉えてみることも必要なのかもしれない。

本書は，事業創造やイノベーションといった組織現象を言語表象の観点から多角的に扱うことを目的としている。第2章では，「地産地消」と表象された新たな実践が馴致化されていく過程を，表象のフレーミングから考察している。第3章では，事業創造をストーリーテリングという視点から，続く第4章では，襲名や経営理念，企業ドメインといった言語としての表象を通じて老舗企業の存続が検討されている。さらに，第5章以下では，イノベーションをことばおよびモノ・コトの視点から論じることとしている。

（涌田幸宏）

〔付記〕
本章は，涌田（2014）の一部を大幅に加筆・修正したものである。

●注
1　八ッ塚（2007）は，「ボランティア」がどのように社会的に馴致されるようになったのかについて，新聞記事データを利用して例証している。彼の分析によれば，「ボランティア」ということばを含む新聞記事は，80年代後半以降，ゆるやかな増加を続けた後，阪神大震災の95年に出現数が急増し，それ以降も顕著な伸びを示していた。次に，言及の仕方については，「ボランティアは」あるいは「ボランティアが」という主語としての扱いは，震災時には増えたが，それ以降は大幅な伸びは見られなかった。しかし，震災前の1988年と比較して，2002年には，「通訳ボランティア」，「民間ボランティア」，「無休ボランティア」など，主語としての「ボランティア」にさまざまな修飾語句が使われ出現する例が顕著となっていた。「ボランティア」ということばが多様なコンテクストで利用されるようになり，社会的表象の体系におけるその位置づけが広がったと八ッ塚は解釈している。
2　彼らは，正当化された組織構造の表現を「構造の語彙」（vocabularies of structure）と呼んでいる。
3　もちろん，すべての表象が自由に解釈され利用されていくわけではない。ミニバンのような物理的な製品カテゴリーの場合には，その物理的な属性の定義にある程度制約されるであろう。一方，「癒し」などの社会文化的な市場カテゴリーの場合，何がそのカテゴリーにふさわしいのかという基準が曖昧であるため，同じカテゴ

リーの表象のもとで，さまざまな商品やサービスが提供され，表象の意味も時間とともに変容しやすくなる。

第Ⅰ部 秩序形成と表象

第2章

アジェンダ・セッティングにおける表象のフレーミング
――「地産地消」を事例として――

1 はじめに

　新たな組織構造や実践がどのように正当性を獲得し，広まっていくのか。この問題は，経営学に限らず，社会学をはじめとしたさまざまな分野のなかで，1つの重要な研究テーマとなっている。イノベーションの普及研究の第一人者，エヴェリット・ロジャースは，普及を「イノベーションが，あるコミュニケーション・チャンネルを通じて，時間の経過のなかで社会システムの成員の間に伝達される過程」と定義し，「メッセージが新しいアイデアに関わるものであるという点で，普及はコミュニケーションの特殊な形式の一つである」と記している（Rogers, 2003, 訳書 p.8 ）。彼によれば，普及とは初期採用者から後期採用者へと新しいアイデアが伝達される過程であり，そのため，普及においてオピニオン・リーダーの情報提供やチェンジ・エージェントの説得という役割が重要となる。

　しかしながら，Strang and Meyer（1993）は，対人関係を媒介とした普及モデル（関係モデル：relational models）にはいくつかの限界があると指摘している。第1に，社会にはしばしば，急激で非構造的な普及が観察されるが，従来の普及研究では十分に説明できない点である。従来は当たり前でなかったモノ・コトが，にわかに注目を集め自明視される現象がこれに当たる。主体間には直接的な相互作用がないにもかかわらず，ある実践スタイル

が急速に普及していくプロセスを解明していく必要があると彼らは指摘する。第2の問題は，主体間の相互作用や相互依存性は，実際には多様な影響を誘発し得るという点である。相互作用の程度が高まるほど，主体間の類似性が進行する場合もあるが，その一方でコンフリクトが発生する可能性も高まっていく。特に，ある実践スタイルを採用することが，アイデンティティの形成に関わる場合，単なる物理的な距離の密接度が差異化よりも同質化を生み出すのかどうかについて，関係モデルは明確にしていないのである（Strang and Meyer, 1993）。

これまで注目をされてこなかった実践が，普及対象としてにわかに俎上に載るという現象には，どのようなメカニズムが働いているのであろうか。本章では，Strang and Meyer（1993）の所説に依拠しながら，こうした実践がアジェンダとして設定されていく過程を，表象の観点から考察する。事例としては「地産地消」を取り上げて分析する。農村の無人・有人の直売所や定期市など，域内で生産した農産物を域内で販売し消費する実践は，草の根的に昔から存在していた。しかし，そうした活動が「地産地消」として表象され，急速に社会的な注目を浴びるようになったのは今世紀に入ってからである。佐竹（2010）によれば，JAが関与する直売店舗は，2005年の1,557カ所から，2008年には2,137カ所へと毎年増加の一途を辿り，現在ではその規模も拡大している。また，2010年には，「六次産業化・地産地消法」が成立し，制度化に至っている。本章で「地産地消」を取り上げるのは，以上のような理由からドラスティックな普及事例として適していると判断されたからである。

2 理論化とフレーミング

(1) 普及の制度的条件

ある実践が，急激に普及していく制度的条件とは何か。Strang and

Meyer（1993）によれば，それは文化的つながり（cultural linkages）の認知と理論化（theorization）であるという。文化的つながりとは，それぞれの行為主体が共通の社会的カテゴリーに属しているという認識である。ある世代やサブカルチャー集団のなかで流行が発生するように，同一のアイデンティティを持っているという文化的な理解が発達した社会的集団内では，イノベーションの普及が急速に進むという現象が見られる。一方，理論化とは，因果関係の定式化と標準化されたモデルの開発を意味している。たとえば，幼児の知能発達に関する精巧なモデルが開発されることによって，新たな育児方法が考案され普及が促進される，ということが1つの好例である。イノベーションは，標準的なパターンができあがることによって，関係の希薄なグループ間でもそれについてコミュニケーションができ，試験的に採用することも容易になる。また，新たな実践を導入することの利点や結果を明らかにし，なぜそれが必要なのかという合理的な説明が説得的に展開されることも必要である。理論化は，「世界についての意味を形成するための戦略」なのである（p.493）。

　こうした新たな実践の理論化は，基本的には，潜在的採用者自身あるいは潜在的採用者同士の相互作用を通じて，それぞれの文脈に即して行われる（Strang and Meyer, 1993）。個々の文脈に依存した理由づけをStrang and Meyer（1993）は"ボトムアップ的な"理論化と呼んでいるが，社会全体への普及には文化的に正当化された理論家たちが大きな影響力を持つとして，科学者，知識人，政策アナリストなどの権威のある専門家集団の形成とその役割に注目している。ただし，一般化されたモデルが，こうした権威ある集団によって創造されたとしても，その集団内部で認められただけではイノベーションは普及しない。この点について，彼らはQCサークルが日本やスウェーデンで普及し，アメリカでは普及しなかった現象を明らかにしたCole（1985）の研究を引き合いに出して説明をしている。すなわち，日本ではQCサークルは"生産性向上"の戦略として説明され，大企業を中心として推進された。また，スウェーデンでは労働組合によって，"労働現場の民

主化"の手段として位置づけられて採用された。しかしながら，アメリカでは政治的にも組織的にも孤立した財団やマネジメントコンサルタント，アカデミックなアナリストだけが主要な支持者だったのである。

　以上のことから，政策過程における理論化プロセスでは，実践現場における解釈枠組みの創造についても視野に入れることが重要となる。モノ・コトはことばによって表象されることで，一連の現象として人々にその存在が理解され，新たな視点で意味が付与される。しかし，それが普及し馴致化されるためには，ことばによる理由づけが必要である。残念ながら，Strang and Meyer（1993）は，普及の制度的条件として理論化プロセスの重要性は指摘しているが，どのように理論化を行い，解釈枠組みを創造していくのかについては，詳しく検討をしていない。そこで，解釈枠組みの創造と提示について，社会運動論におけるフレーミング（framing）という概念を手がかりとして，彼らの論拠を補強する形で考察を進めることにする[1]。

(2) 社会運動論におけるフレーミング論

　個々人はなぜ社会運動に参加するのか。古典的な社会運動論では人々の不満や心理的緊張が社会運動の源泉として考えられていたが，1970年代に登場した資源動員論では，既存の社会運動組織からの働きかけを重視した（樋口, 1999）。こうしたミクロ動員の文脈を継承しながらも，運動の発生と参加過程を社会構築主義の視点から発展させた研究がフレーミング論である。

　その嚆矢となったSnow, Rochford, Worden and Benford（1986）の研究では，資源動員論を含めたこれまでの社会運動論では，潜在的参加者の不平・不満の解釈，参加判断の時間的な変化や再交渉過程，運動組織による勧誘戦略の多様性が考慮されていないとして，運動組織と運動に参加する個々人とが解釈フレームワークを擦り合わせ，意味を構築していくプロセスを重視し，フレーム調整（frame alignment）の概念を提唱している。彼らによれば，フレーム調整とは「個人の利害，価値，信念と，運動組織の活動，目標，イデオロギーが一致し，相補的になるように，個人と運動組織の解釈志

向を結合させること」（p.464）と定義される。なお，フレームという概念は，Goffman（1974）によるもので，「生活空間や世界の出来事を位置づけ，認知し，同定し，名づけることを個々人に可能にする解釈スキーム」であり，「事象や出来事を意味のあるものにすることによって，フレームは，個人であれ集合体であれ，経験を組織化し，行動を導く働きをする」のである（Snow et al., 1986, p.464）。

では，どのように運動組織と個人の解釈フレームが調整されるのか。Snow et al.（1986）は，次の4つの方法をあげている。

① フレーム架橋（frame bridging）；特定の問題について，イデオロギー的には一致しているが，構造的には関連のない2つあるいはそれ以上のフレームを結びつけること。
② フレーム強化（frame amplification）；特定の問題や事象に関する解釈フレームを明確化し活性化すること。
③ フレーム拡張（frame extension）；初期の目標には付随していなかったが，潜在的な参加者の価値や利害に一致するように，目標や活動を描き直すことで初期のフレームワークの境界を拡張し，これまで運動に関与していなかった人々の参加を促すこと。
④ フレーム転換（frame transformation）；運動組織が提唱するプログラムや動機，価値が世間一般のライフスタイルや慣習と合致しない場合，解釈フレームを変更して支持や参加者を獲得すること。

しかしながら，こうした4つのフレーム調整は必ずしも成功するとは限らない。運動参加者の動員を志向したフレーミング活動に影響を与える条件とはいかなるものであるのか。Snow and Benford（1988）は，参加者の合意を取りつけることと彼らの行動を促進することを区別する必要があるとして，フレーミング活動において中核となる3つのタスクを明確にしている。第1は，現状分析的フレーミング（diagnostic framing）である。これは，何が

問題であって，責任がどこにあり，原因が何であるのかを明確にすることである。問題だけではなく，原因について同意がなされることが動員の重要な条件となる。次に，目標提示的フレーミング（prognostic framing）が必要となる。これは，その問題に対する解決策が提案されるだけではなく，具体的な戦略，戦術，目標が明確化されることである。なすべきことが特定され，問題とそのための戦略・目標とが一致することで，合意が得られるのである。しかし，たとえ参加者の合意が取りつけられても，それだけでは集合行為には至らない。そのため，第3の動機づけ的フレーミング（motivational framing）が行われなければならない。すなわち，なぜ行動を起こすことが必要であり，どのような点で有益であるのかという，行為への合理的根拠が提示されることによって人々は運動に参加するのである。

　以上のように，フレーミングの概念は社会運動組織の分析において一定の地位を確立しているが，近年では構成主義的政策研究においても取り入れられている。たとえば，西岡（2012）は家族中心主義的な福祉レジームを有する日本において，脱家族化を志向する育児支援政策が1990年代以降，急速に進んだ背景をフレーミング論の観点から分析をしている。彼によれば，当時，戦時中に進められた高圧的な出生推進政策に対する強い反動から，政府が出生に関して政策的に取り組むことはタブー視されていたため，厚生省（当時）が進めようとする少子化対策が広く受容されるには意識改革が必要とされていた。そのため，「児童が健やかに生まれ，育つための環境づくり」という"ソフトな言説戦略"が厚生官僚によって展開され，女性が職業生活と家庭生活とを調和させるための育児休業制度の確立などが進められた。ここに，出生数減少への対応という人口政策的言説と，女性の仕事と育児の両立という女性政策的言説という，本来別々の言説が架橋・接合され，「少子化対策」という新たなフレームとして語られることとなったのである（西岡，2012）。

　こうした政策過程分析へのフレーミング論の適用は有用なアプローチとして評価されているが，むろん，西岡（2012）も指摘しているように，分析対

象の差違やフレーミング戦略の相違，政策形成過程の特性などの点から，社会運動論の枠組みをそのまま転用することはできない。特に，社会運動組織ではイデオロギーが強調されるが，政策過程では必ずしも強力なイデオロギー性は伴っていない。そのため，前述したフレーム架橋は，イデオロギー的に関係しているために別々の言説が接合されるというよりも，「児童が健やかに生まれ，育つための環境づくり」というような，お互いに通底し合う概念によって架橋されると考えたほうがよいであろう。

本章では，以上の点を考慮しながら，政策過程において「地産地消」がどのように理論化され，アジェンダとして設定されたのかについて分析を行う。まず，「地産地消」の経緯を概観したのち，国会審議過程において「地産地消」の理論化がどのように進められたのかを検討するために，国会会議録検索システムを利用して分析する。その際，国会での発言に対してテキストマイニングを行い，「地産地消」がどのような概念（言葉）との関係で語られているのかを明らかにする。言葉群との共起関係を視覚的に観察することで，当該実践の表象が意味づけをされるプロセスが明確になる（内藤，2009；涌田・内藤，2013）。次に，国会審議における「地産地消」の意味づけの変化を裏づけるために，農林水産省が発行する『食料・農業・農村白書』に関して，フレーミング論を用いて言説分析を試みる。最後に，ボトムアップ的な理論化という観点から，主要な実施主体である農協において，どのようにアジェンダ化されたのかを観察するために，JA全国大会の決議内容を分析する。

3　地産地消のアジェンダ・セッティング

(1) 地産地消の概略

地産地消とは，文字通り，その土地で生産された農産物等をその土地で消費することを意味している。農林水産省が2005年（平成17年）にまとめた

『食料・農業・農村基本計画』では，「地域の消費者ニーズに即応した農業生産と，生産された農産物を地域で消費する活動を通じて，農業者と消費者を結びつける地産地消の取組を推進する」として，地産地消を定義している[2]。

　「地産地消」という用語自体は，農林水産省農蚕園芸局生活改善課が，1981年度から4カ年計画で進めた"地域内食生活向上対策事業"から生まれたと言われている（伊東，2009）。農家の食生活が多様化，洋風化し，出来合いの加工食品の消費が増加する一方，農家の自給率が低下したため，地場の農産物の生産を高め，地場で消費することを奨励して，食生活の改善をはかることが目指されたのである。国立情報学研究所が運営する学術論文・雑誌記事データベースサービス CiNii[3] を用いて「地産地消」を年代順に検索すると，1983年に梅野憲治郎氏（食糧産業調査研究所長；当時）によって書かれた「地場農産加工についての一考察―「地産地消」と食品工業の課題」が最初に検索されるが，1980年代の記事は梅野（1983）のみである。「地産地消」が次に話題になるのは，1990年代，ウルグアイラウンドにおける農産物自由化が盛んに論議されていたころである。当時，農林水産省経済局対外政策調整室長であった篠原孝氏は，農産物の自由化によって，海外から農産物が安価に大量輸入され，日本の農業が打撃を受けることに危機感を表明し，「身土不二」という古くからの考え方を使って地産地消を奨励している（篠原，1990）。

　1990年代後半では，1998年に『北方農業』で「地産地消を考える」という特集が組まれているが[4]，新聞・雑誌とも，「地産地消」に関する記事が急増するのは2000年以降のことである。**図表2－1**は，日経4紙，朝日新聞，毎日新聞における「地産地消」関連の記事数の推移を示している。たとえば，日経流通新聞は2000年2月から3月にかけて，「地産・地消への挑戦」と題した特集記事を組み，農協の地産地消の活動に，地元の食品メーカーや卸，小売店もかかわり始め，地産－地工－地商－地消の連携になりつつあることや，生協が地元産品を使ったオリジナルブランドづくりに乗り出していることなどを紹介している[5]。

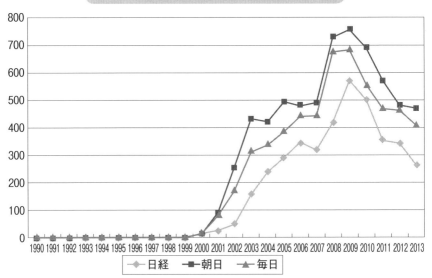

(注1) 日経：日本経済新聞，日経産業新聞，日経流通新聞，日経金融新聞の4紙。
(注2) 「エネルギーの地産地消」は除く。
(注3) データベースは，日経テレコン21，聞蔵Ⅱ，毎索を利用した。

(2) 国会審議における「地産地消」への注目

　次に，国会会議録検索システム[6]にアクセスし，国会審議における「地産地消」という用語の使われ方の変遷を見てみることにしよう。**図表2－2**にあるように，国会審議で初めて「地産地消」が登場したのは1981年で，1件のみである。その次は1999年の3件となっており，頻繁に使われ始めるのは2000年以降である。この背景には，我が国の食糧自給率の長期的な低下に伴い，2000年3月に閣議決定された「食料・農業・農村基本計画」において，今後10年間で，供給熱量ベースの総合食料自給率を40％から45％へと引き上げるという長期目標が示されたことが関係している。

　当時農林水産大臣であった玉川徳一郎氏による国会の発言を見てみよう。

図表2-2 ■国会審議における「地産地消」を含む発言数

1981年	1件	2004年	117件
1982-1998年	0件	2005年	106件
1999年	3件	2006年	106件
2000年	9件	2007年	35件
2001年	10件	2008年	74件
2002年	37件	2009年	51件
2003年	52件	2010年	32件

(注) 国会会議録検索システムを使い，農林水産物に関する「地産地消」を選び出した。

　委員のおっしゃられるとおり，米は自給できるものでありまして，国民の主食であります。その自給率が，自給率といいますか，全体としての自給率が下がってきた原因の中に，米の消費が減少しているのではないかという御指摘はそのとおりであると思います。
　したがいまして，自給率を向上させ，同時に食料の安全保障を確保するという観点からいいますならば，地産地消という言葉もありますが，国内で十分できる主食である米を十分活用していくということが大事であると考えるわけであります。
(2000年2月24日　衆議院　農林水産委員会)

　2001年9月，日本においても狂牛病感染の疑いのある牛が報告された。「地産地消」が国会審議で言及率が飛躍的に高まったのはこの事件が契機であった。政府は，10月に牛の全頭検査を実施する措置をとったが，消費者の不安を払拭するには至らなかった。翌年には，雪印食品による産地偽装や発がん性のある無登録農薬の使用問題も発生した。これまでは国産は安全と認識されていたが，一連の事件を通じて，「食の安全・安心」を求める声が高まることとなった。こうしたなかで，生産者と消費者との「顔の見える関係」がキーワードとなり，地産地消が注目されたのである。
　中村（2012）は，食育という言葉で括られる活動のカテゴリーが，食育基

本法として制度化されていくプロセスを国会審議の発言などの分析を通じて詳細に記述しているが，その際に，「食育」と「地産地消」，「スローフード」が関係づけられていったことを指摘している。2002年「BSE問題に関する調査検討委員会」（2001年11月19日発足）において，はじめて「食育」という言葉が政府の政策文書として登場した。ここでは，国民の食に対する安全を確保するためには，食のリスクについて国民に情報提供することが重要であることが検討され，食育がリスクコミュニケーションの一貫として位置づけられた（中村，2012）。

農水省が2002年4月に発表した『食と農の再生プラン』は，「消費者に軸足を移した農林水産行政を進めます」として，これまでの政策を大胆に見直し改革することを宣言したものであった[7]。このプランは，BSE問題や食品の虚偽表示問題に関連した「食」の安全と安心の確保に向けた改革が1つの大きな柱であり，「食育」と「リスクコミュニケーション」の促進が目標に掲げられたが，地産地消は，新鮮でおいしい「ブランド日本」食品の提供という文脈で語られている。「食育」と「地産地消」はともに，食の安全・安心を構築する手段として位置づけられているが，前者はリスクコミュニケーション，後者はブランドの確立として捉えられている。

この2つの概念が関連づけられていくのは，同年のBSE問題の国会答弁からである。中村（2012）によれば，当時知名度が低かった「食育」を説明するために，すでにある程度馴致化されていた「スローフード」や「地産地消」が引き合いに出され，「地産地消」は，トレーサビリティを確保する「顔の見える関係」構築に資するものとされたのである。

当時，農林水産大臣であった武部勤氏は，食育基本計画についてのインタビューで以下のように答えている（武部，2004，pp.4-5）。

　もう一つは，BSE問題のときに，たまたま私が農水大臣だったんですが，2001年の10月20日より全頭検査に踏み切ったにも拘わらず，その後の牛肉が安全であることを消費者はなかなか認めてくれなかった。いか

に科学的に安全な処置をしても，結局はその情報が正しく理解されなければ意味がないことだ，と強く感じさせられたものです。そのため，これからは「リスク・コミュニケーション」が大事だと。つまり，正しい情報をいかに正しく自分で判断できるかということがないと，本当に役に立たないのだと。そのためには「顔の見える関係」が信頼醸成につながるとして，「地産地消」などを謳ったわけです。

　農水省が2003年6月に公表した『食の安心・安全のための政策大綱』では，「消費者の安心・信頼を深めるための取組」のなかで，地産地消の必要性がうたわれている[8]。大綱では，「安全・安心な食材へのニーズに加え，健康やゆとりを求める国民意識の高まりなどによって，消費者と生産者との「お互いに顔の見える関係づくり」が重要」であり，そのために「身近なところで生産者自らが，安全な農産物などを責任と自信をもって消費者に提供し，消費者も身近に生産の過程などを知ることができる「地産地消」を推進」するとしている（p.15-16）。「地産地消」は，食料自給率向上の施策であるとともに，「食育」を推進するための，生産者と消費者の「顔の見える関係」を構築する施策として問題とされ，アジェンダとして設定されていったのである。

(3) 国会審議における「地産地消」のテキストマイニング

　次に，「地産地消」の意味の広がりをマクロ的に把握するために，国会会議録のテキストマイニングを試みてみよう[9]。まず，国会会議録検索システムにアクセスし，すべての国会審議から，「地産地消」を含む発言を抽出した。そして，そのなかから農林水産業に関連する「地産地消」の発言633件を選択した。対象とした期間は，はじめて国会審議で「地産地消」という言葉が使われた1981年から，六次産業化・地産地消法が成立した2010年までとした。なお，分析ではこの期間をさらに次のように3つに区分した。①第1期；1981年～2001年（食育が国会審議で取り上げられるまで），②第2期；2002年～2005年（食育基本法が成立するまで），③第3期；2006年～2010年

（食育基本法成立後，地産地消法が成立するまで）。

テキストマイニングのツールとしては，KH Coderを使用した。具体的な処理手順は，以下の通りである。

1．抽出された発言について，「地産地消」が用いられた前後の文脈を通読し，「地産地消」に関係する部分を抜き出し，関連のない部分は削除した。また，議論とは関連のない挨拶，前置き的発言を削除した。さらに，「登壇」「退席」「拍手」など，議事の進行状況を描写した記述も削除した。
2．表記ゆれの修正を行った。発言中，地産地消にとって重要なキーワードとして「顔の見える関係」と「顔が見える関係」の2通りの表現が見られた。ここでは同じ意味として，「顔の見える」に統一した。また「取り組み」と「取組」は，「取り組み」に，「食料自給率」と「食糧自給率」は「食料自給率」にそれぞれ統一した。
3．複合語の処理を行った。KH Coderに実装されているTerm Extractという複合語検出機能を利用し，連接する語の重要度を算出した。その値の高い複合語1,000語を抽出し，そこから固有名詞や複合語としては適切でない言葉をのぞき，強制抽出した言葉のなかで使用頻度の高い144語を選択した。そして，この144語から，国会審議特有の言葉（「委員会」，「参考人」，「政務官」など）を省いた。さらに，複合語としては機械的に抽出されない「顔の見える」「食の安全」「BSE」を追加し，139語の複合語を分析に使用した。
4．「地産地消」に関する発言のうち，名詞とサ変名詞を取り出し，頻出150語を析出し，このなかから国会審議特有の言葉（「大臣」，「委員」，「先生」など）や，質疑特有の言葉（「質問」，「自分」，「指摘」，「答弁」など）を除いた126語を抽出した。さらに，1文字の言葉（名詞C）で地産地消にとって意味のあり，頻出率が高かった「旬」を加え，127語を分析に用いることとした。最終的に，先の複合語139語と合わせ，合

図表2－3 各期を特徴づける言葉

第1期		第2期		第3期	
自給率	.041	産地	.130	地域	.097
国産	.039	学校	.086	農業	.087
流通	.036	給食	.086	推進	.046
向上	.034	生産	.077	都市	.039
食料	.032	消費	.075	環境	.030
日本型食生活	.030	食育	.058	地元	.026
国民	.030	子供	.043	支援	.025
産地	.029	取り組み	.037	産業	.025
努力	.029	食品	.037	政策	.025
合理化	.027	農産物	.033	農林水産	.023

（注1）データ全体に比して，それぞれの期において，特に高い確率で出現している語を，値の大きい順に10語を抽出。
（注2）数字は，Jaccardの類似性測度。

計266語が分析に使用された。

まず，データ全体に比して，それぞれの期において，特に高い確率で出現している語を，値の大きい順に10語を抽出した。**図表2－3**がその結果であり，各期を特徴づける言葉として認識することができる。これによると，第1期は食料自給率に関する言葉が特徴的であり，国産の作物の流通を向上させ，米を中心とした日本型食生活を確立するという内容が推測される。第2期では，食育関連が中心となり，学校給食に産地の作物を提供することが地産地消のテーマとなっている。第3期になると，食育との関連は薄れ，「支援」，「産業」，「政策」など地産地消による農業や地域振興，産業政策といった色彩が強くなっていることがわかる。

次に，各期における頻出語について，共起ネットワーク図を作成した（**図表2－4**）。まず，第1期では，「地産地消」という言葉は，「食料」，「生産」，「消費」，「自給率」，「向上」などの言葉との強い共起関係が見られ，またこれらの言葉間にも共起関係が発生している。第1期では，このように"食料

自給率"との関係で語られていることがわかる。

第2期では、"食料自給率"群に加えて、学校給食や食育に関連する言葉群との共起関係が新たに出現している。さらに、「地産地消」は、「生産」と「消費」との「顔の見える関係」を構築することで、「食の安全」と「安心」をはかるというストーリーが推測される。第2期では、"学校給食"群と"食育"群との直接的な関係は見られないが、「地産地消」を媒介にしてつながり、さらには「地産地消」を経由して「顔の見える関係」や「食の安全・安心」につながっていることがわかる。

そして、第3期では、新たに"地域産業活性化"群とも呼べる言葉との共起関係が現れている。地産地消を通じた農業振興や地域産業の活性化が志向されていることがわかる。また、食育基本法が成立したこともあり、"食育"群と"学校給食"群との間にも直接的な関係が観察されている。

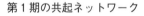

図表2−4 各期の頻出語の共起ネットワーク

第1期の共起ネットワーク

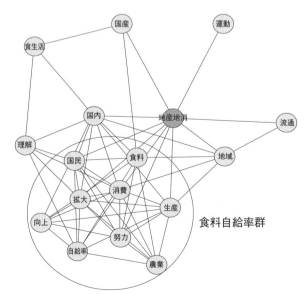

第 2 期の共起ネットワーク

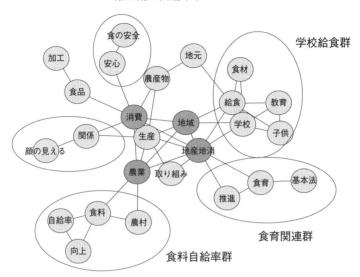

第 3 期の共起ネットワーク

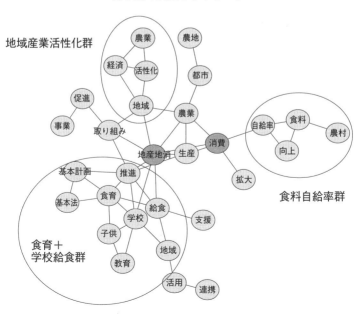

(4) 『食料・農業・農村白書』の言説分析

「地産地消」はまず食料自給率の向上のための施策として注目され、次に生産者と消費者との「顔の見える関係」を構築し、「食育」推進に資する活動としてアジェンダ化されていった。前節ではテキストマイニングによって、言葉と言葉の関係で俯瞰的に把握したが、このプロセスでどのような意味づけがなされたのかについては詳細に分析できない。そこで、この点を明らかにするために、農林水産省が公表している『食料・農業・農村白書』に見られる「地産地消」の言説をフレーミングの観点から分析することにする。『食料・農業・農村白書』は、食料・農業・農村基本法（平成11年法律第106号）第14条の規定に基づいて、食料・農業・農村の動向および講じる施策について報告を行うために通常国会に提出される文書であり、またこれらの動向ならびに施策について広く国民に理解を求めるために作成されるものである。地産地消をどのようにアジェンダ化し、現場での実施主体や広く国民にその意義を訴えかけているのか、いかなる枠組みが提示されているのかを観察するうえで最適の資料だと考えられる[10]。なお、白書の言説を分析するにあたって、「〜が問題となっている」、「〜が一因となっている」などのフレーズがあれば現状分析的フレーミングと判断した。目標提示的フレーミングは、「〜することが必要である」、「〜することが重要である」などの行動目標が示されていることで同定された。そして、どのような利点や効果があるのかを記述している部分を動機づけ的フレーミングとした。以下、紙面の関係で、フレーミングの観点で顕著な年代の白書をいくつか取り上げ、「地産地消」に関連する内容を分析することにする。

① 平成12年度版（2001年6月発行）[11]

第Ⅰ章「食料の安定供給確保」において、食料消費構造変化が食料自給率の低下の一因であること、近年は栄養バランスの崩れ、食料ロスの増加といった問題が生じていること、食料の生産と消費の距離が拡大していること

が指摘され（p.10），現状分析的フレーミングが提示されている。その後で，「食」と「農」の距離が拡大していることに関して，食料消費構造の変化とは「食」の外部化・サービス化・簡便化の進展等であり，「このような外食や加工食品に対する消費支出の増大が，生鮮食品を家庭でそのまま調理する機会の減少をもたらした結果，消費者の食料の生産段階への関心や知識が低下するなど，「食」と「農」の直接的な結び付きを弱めており，「食」と「農」の距離が拡大しているとの指摘がある。」（p.18）と問題点を究明している。そして，「食」と「農」の距離を縮めていくためには，産直等の取り組み，食品産業の農業との連携強化，流通・加工過程にかかる情報の積極的な提供などの施策が必要であるという目標提示的フレーミングが行われている。平成12年度版では「地産地消」についての言及はないが，ここで巧妙なフレーム架橋が行われていることがわかる。すなわち，「食」の外食化・簡便化といった食生活の構造変化と，食料自給率の低下は一見構造的に関係のない問題に思われるが，"「食」や「農」への関心の希薄化"，"「食」と「農」の距離の拡大"という概念が2つの問題を接合している。

② 平成13年度版（2002年6月発行）[12]

前年の国内における BSE 問題発生をうけて，第Ⅰ章「食料の安定供給システムの構築」では，我が国の「食」が直面する課題として，(1)「食」の安全性および品質の確保，(2)食料消費の動向，が併記されている。食料消費の動向では，「食」と「農」の距離の拡大は，消費者と生産者の情報の疎通が十分ではないことに原因があるとして，距離を縮める取り組みとして，オール地場産学校給食の地産地消の事例が紹介されている（p.27）。白書で「地産地消」がはじめて言及されたが，「食」の安全と関連させた記述はされていない。

③ 平成14年版（2003年6月発行）[13]

第Ⅰ章「食料の安定供給システムの構築」の第2節「食料消費をめぐる動

き」では，「食」の外部化の進展等により，食料の生産段階への消費者の関心や知識が低下するなど，「食」と「農」の距離の拡大を招いている一方で，「食」の安全性に対する国民の関心が非常に高まっている，という現状分析的フレーミングが行われている。そして，「「食」と「農」の距離が拡大しているなかで，安全・安心を求める消費者と生産者との間で，顔の見える関係の構築に向けて，「地産地消」の取組が広がり始めている」（p.42）と記述されている。推進目標ではないが，ここに，食料自給率，食生活の構造変化，食の安全・安心という3つの問題が，「顔の見える関係の構築」というキーワードを介して架橋され，地産地消の施策に関連づけられている。

④ 平成16年度版（2005年6月発行）[14]
第Ⅰ章「食の安全・安心と安定供給システムの確立」において，第2節「食料消費と食料自給率の動向」で，「「食」と「農」の距離を縮めるため地産地消の取組を地域で推進していくことが重要となっている」という項目が設けられ，地産地消が，消費者にとっては生産地や生産方法が明らかで新鮮な農産物が購入できること，生産者にとっては，消費者の反応がわかり，地域農業の活性化に貢献するという利点がある，という動機づけ的フレーミングが登場している（p.80）。さらに，輸送に伴うコスト低減や環境負荷の低減への貢献も記述されている。

⑤ 平成18年度版（2006年6月発行）[15]
第Ⅰ章「望ましい食生活の実現と食料の安定供給システムの確立」で，第2節「食生活の現状と食料自給率の向上の取組」として，食育の推進と地産地消の推進が挙げられている。ここでは，「地産地消への関心の高まり」として，「我が国の食生活は，高度経済成長期以降，全国的な交通網の発達，冷凍保冷技術や調理・加工技術の向上，農産物規格の整備等が進み，広域大量流通システムが確立されるなかで大きな変化を遂げてきた。その過程において，食と農の距離が拡大し，消費者からは農業生産や食品流通の実態が見

えにくくなっており、このことが食に対する国民の不安を招く一因となっている」(p.48)という現状分析的フレーミングが記載されている。すなわち、ここでは「食生活の構造的な変化→食と農の距離の拡大→国民の不安」という図式が描かれ、「顔の見える関係」の構築が鍵となっている。

　次に、白書では「さまざまな効果が期待される地産地消」という項目が置かれ、消費者の地場農産物に対する愛着の高まり、商品力の強化、環境負荷の低減、地場農産物の消費拡大、地域農業の活性化、農業者の営農意欲の向上などの効果があると記述されている（動機づけ的フレーミング）。さらに、「今日の広域的な生産や流通、消費の実態を踏まえると、距離の長短に関係なく、「顔が見え、話ができる」関係づくりを通じたコミュニケーションを伴う農産物の行き来を地産地消と捉える視点も重要である」(p.49)として、地産地消の分類が示されている。ここでは、距離が遠く、コミュニケーションが相対的に希薄である、量販店、昼食・外食、インターネットショッピングであっても、地場産品について話ができる関係づくりがあれば、「地産地消」に包含されることとなった。フレーム拡張が行われ、従来とは関係ないアクターが取り込まれることによって、「地産地消」の馴致化が進展したのである。

4　農協における地産地消の動向

(1) 流通の多様化とファーマーズ・マーケットの推進

　最後に、「地産地消」の主たる実施主体である農協では、どのような理論化がなされ、取り組みが拡大していったのかについて確認をしておきたい。前述したように、その土地で獲れた作物をその地域で消費しようという運動は草の根的に昔から行われており、農村における無人・有人の直売所や朝市などが典型的な例であろう。たとえば、農協婦人部では、1981年度から「産地消費地婦人交流事業」を実施し、その一環として1988年度には「婦人定期

市」が開かれていた。この定期市のねらいは「青果物や自家加工した手作り食品などを，その地域の住民に提供しながら，各々の地域や食べ物について共通の認識を深める活動を根づかせる」ことであると説明されている（JA全国女性組織協議会，2002，p.91）。なお，JA全国女性組織協議会のHPでは，「地産地消」に関して以下のように記述されている[16]。

　近年，JAでは，「ファーマーズ・マーケット」と呼ばれる大規模な農産物直売所が設置され，「安くて，美味しくて，しかも安全」と消費者の方々から大変な反響を頂いています。この「ファーマーズ・マーケット」の設置の原点となったのが，JA女性組織が自ら運営していた「朝市・夕市」活動や，「無人・有人直売所」の運営でした。
　取り組みのきっかけは，市場に出荷できない規格外品を処分することに対する罪悪感であったり，少しでも現金収入を得たい，という切実な思いからでしたが，しだいに「安全・安心な農産物を消費者に」というところに至りました。

　また，1985年には，岡山県農業協同組合中央会が「ふるさとの味で築こう，わがむら，わがまち」をキャッチフレーズに「食で結ぶむらづくり」運動を始めていた。この運動は，地域に根ざした食文化の創造を掲げており，とりわけ「地産地消」活動の推進を重視していた[17]。その一方で，農協の全国組織である全国中央連合会は，こうした草の根的な動向に対して後塵を拝していたようである。というのは，JAグループ全体としては，農協の共同販売事業の妨げになるという認識から大都市の大量消費地向けの系統出荷に注力していたからである。実際に，当時は，農家が開く直売所や定期市に対して，余剰な作物，規格外の作物をさばくものとして，「あまりものビジネス」，「こづかいかせぎ」という見方が強く，大都市の卸売市場への系統出荷がメインで，直売所はこうした流通を阻害するものとして見なされていた。
　ただし，1990年代後半になると，兼業農家の高齢化や零細化などによる大

都市への安定供給の行き詰まり,産地間競争の激化,安価な外国産との競争から,各地で草の根的に展開されてきた動きにJAグループ全体としても徐々に目を向けるようになった。1994年の第20回JA全国大会決議では,「地場産直・朝市,無人店の開設による農産物の販売等地域内において生産・流通・販売を完結させる取り組み」を進めることが明記されている[18]。さらに,第21回大会(1997年)では,「JA農産物直売所(ファーマーズ・マーケット)の全国的な設置推進により,地域農業を振興し,農業・農村に対する消費者の理解を促進します」との項目が決議文書に盛り込まれている[19]。これにより,全国の農協でファーマーズ・マーケットの設立が促進されたが,この時点では「地産地消」という言葉はまだ使われていない。

「地産地消」がJA全国大会ではじめて登場したのは,第22回大会(2000年10月開催)であった。ここでは,安全・安心な食料の供給を通じて,消費者との信頼を築く「フード・フロム・JA運動の展開」をテーマに「地産地消」の取り組み強化が打ち出されている(**図表2-5**)。この大会では「地元で生産者と消費者が連携した顔の見える関係を大切にした『地産地消』の取り組みを推進します。このため,ファーマーズ・マーケットに取り組むとともに,地場産品を使った学校給食メニューの普及に取り組みます」ということが議案に盛り込まれている[20]。

この背景には,前年に国が定めた「食料・農業・農村基本計画」の存在がある。この基本計画では平成22年度(2010年度)に食料自給率を45%に向上させることを目標としており,第22回JA全国大会もこの目標が強く意識されている。この大会において,「地産地消」は自給率向上と農業所得の向上に向けた販売力強化の手段であり,"消費者との共生"と"相互信頼"の確立に向けて,農産物供給の"安心システム"[21]を構築することが目指されている。

(2) 地域活性化としての地産地消

前述したように,2001年9月に発生した国内のBSE問題を受けて,2003

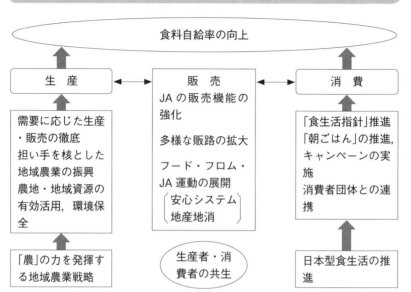

図表2－5 自給率向上に向けたJAグループの展開（第22回JA全国大会決議）

（出所）JAグループ・JA全中『第22回JA全国大会議案―「農」と「共生」の世紀づくりに向けたJAグループの取組み』2000年10月, P.4

年6月, 農水省は『食の安心・安全のための政策大綱』を公表し, 地産地消の推進を提唱した。一方, 農協では, 第23回JA全国大会に向けて, 協議案作成が行われていた。その中で, 重点実施事項の1つとして「協同活動の強化による組織基盤の拡充と地域活性化」が取り上げられ, そのなかに地産地消運動が位置づけられている。本重点事項は以下のような現状分析的フレーミングから始まっている[22]。

> 高齢化・少子化の進行と過疎化にともない農業人口・組合員の減少はかなりのスピードで進行しています。一方, JAの大型化や世代交代によりJAと組合員を結ぶ絆も弱まっています。こうしたなか, 従来にもまして, 組合員との結びつきを強化し, JAの組織基盤を強化することは重要な課題です。組合員組織やJAへの運営参画への取組とJAのもつ協同の力を

発揮した地域の活性化に取り組みます。

　協議案では，こうした問題に対する施策として「食と農を軸とした地域の活性化」が挙げられ，「ファーマーズ・マーケットによる拠点づくりや地域特産加工事業との連携を図るなど地産地消運動の具体的展開に取り組みます。」として，地産地消の推進の必要性が指摘されている。日本農業研究所理事の岸康彦氏も指摘するように，地産地消は，「地域農業を発展させ，組合員の手取りを多くする」ことによって，「組合員とのつながりが深まり，いわゆるJA離れの防止にも役立つ」のであり，「JAにとって求心力回復のバネとなる」ことが期待されている（岸，2008）。

　2003年10月に開催された第23回JA全国大会決議『「農」と「共生」の世紀づくりをめざして─JA改革の断行』では，高齢化による離農の進展や耕作放棄地の増加などの農業構造問題に対して，取り組むべき重点事項として，「食と農を軸とした地域の活性化と食農教育の展開」が明記されている[23]。このなかで，(1)地産地消運動を核とした地域の活性化として，ファーマーズ・マーケットを地産地消運動の拠点として位置づけ，全JAでの設置を促進し，顔の見える関係の構築等を運営方針とすること，地域特産加工事業をファーマーズ・マーケットと連動させることが示されている（**図表2－6**）。この全国大会の最重点課題は「経済事業改革」であり，農家の収支改善をはかることである。地域社会計画センターの山本雅之常務は次のように語っている（山本，2005）。「従来のような，地域ごとに特定品目を大量生産し，それを卸売市場を通して全国に分配する「国内分業」路線では，規格に合わせられない兼業農家や女性・高齢者は生産現場から排除されていた。ファーマーズ・マーケットは，この「国内分業」路線の対局に位置するものであり，共販に乗らなかった少量多品目の農産物や手作りの農産加工物なども商品化され，その結果，兼業農家や女性・高齢者が生産現場に復帰し，地域の伝統品目も復活するのである」。

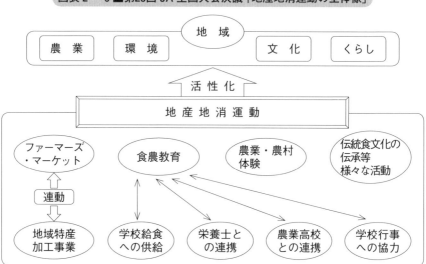

図表2－6■第23回JA全国大会決議「地産地消運動の全体像」

(出所) JA全中『「農」と「共生」の世紀づくりをめざして―JA改革の断行』(第23回JA全国大会決議) 2003年10月10日, P.82

(3) 農協の社会的役割とアイデンティティ

　第23回の大会決議を受けて, 同年, JA地域特産加工・農産物直売所全国連絡協議会とJA全中の協同で,「JAファーマーズ・マーケット憲章」が策定された。その基本理念は以下のように表明されている[24]。

　　わたしたちは, JAファーマーズ・マーケットを地域で生産された農産物を地域で消費する「地産地消」の拠点として位置づけ, 高齢者や女性などを含む多様な農業者の育成と協同活動を通じて地域農業の振興をはかり, 新鮮で安全・安心な農産物の供給を行い, 地域経済の発展と自給率の向上に貢献します。
　　また, 食と農に関わる様々な取組みを通じて, 地域の食と農に関わる文化の発展, 継承に貢献するとともに, 農業振興とJAの社会的役割に対す

る消費者の理解と支持を高め「消費者との共生」を推進します。

このファーマーズ・マーケット憲章には，さまざまなキーワードが確認される。「安全・安心」，「自給率」，「地域農業の振興」，「地域経済の発展」，「農業者の育成」，「JAの社会的役割」などである。従来の「食料自給率」，「食の安全・安心」というJAをめぐる農政上の問題（対外的な問題）と，「高齢化等による組合員の減少」，「担い手の世代交代」などによる組合としての求心力の減少という農業の構造的問題（組織内部問題）とが架橋され，同時に解決をはかる施策として，顔の見える関係を構築する「地産地消」が理論化されたのである。

2006年10月の第24回JA全国大会協議では，JAはファーマーズ・マーケットを地産地消の拠点として位置づけ，豊富な品揃えと年間を通じた安全・安心な農畜産物の出荷体制の確立に向けた営農指導やファーマーズ・マーケットの運営改善指導を行うことが明記されている[25]。「営農指導」，「運営改善指導」という言葉が表しているように，農業者の所得向上と地域経済の発展への貢献というJAの社会的役割が意識されている。実践の採用が主体のアイデンティティ形成に寄与するときに急速な普及が見られる（Strang and Meyer, 1993）とするならば，「地産地消」という表象が，農業振興と地域活性化を担う社会的役割という，JAのアイデンティティを示す1つのシンボルとなることによって，各地域に地産地消運動が広まっていったと考えられる。

5 結　語

本章では全国的な広がりを見せている「地産地消」運動が政策過程でどのようにアジェンダ化されたのかについて，テキストマイニングとフレーミングという視点から分析を試みた。『食料・農業・農村白書』の分析によると，食生活の構造的変化と食料自給率の低下という問題が接合され（フレーム架

橋），地産地消はその再構成された問題の解決をはかる実践に組み込まれた。そして，従来は関連のなかったアクターも範疇に含められ，フレームが拡張された。一方，地産地消の主たる実施主体である農協の側では，「食料・農業・農村基本計画」を反映した"食料自給率"，"食の安全・安心"という農政問題と，「高齢化などによる担い手の減少」，「JA離れ」などの農協の組織内部的問題とが架橋され，双方の問題の解決を図る重要な施策として地産地消が焦点化されていった。ファーマーズ・マーケットの推進によって農業者の所得向上と地域農業振興をはかるうえで，農協が指導的立場を果たすことが社会的役割であり存在意義だとするならば，こうしたアイデンティティ形成が地産地消の拡大に寄与したものと考えられる[26]。

　本章では，新たな実践の理論化のプロセスを言葉間の関係から分析したが，実践的な示唆として，複数の構造的に異なる問題をフレーム架橋し，問題の再構成を可能とする概念のキーワードないし表象を創造し，提示することが重要であることが指摘できよう。"「食」と「農」の距離"，"顔の見える関係"がこれに当たるであろう。こうした架橋的表象は，合理性と規範性の観点から，当該実践を再構成された問題の解決施策として焦点化するのである。西岡（2012）は，フレームが受容される条件として，Schmidt（2008）の提唱する言説の認知的機能（合理的な観点からの説得力）と規範的機能（価値や規範の観点からの納得性）を重視している。すなわち，「その政策が合理的にみて必要であり，なおかつそれが価値観の観点からも適切であると考えたとき」（西岡，2012，p.12），人々は政策を支持するのである。"顔の見える関係"を構築する地産地消は，リスクコミュニケーションやトレーサビリティの確保という点で合理的であり，大量生産・大量流通という20世紀的システムへの反省という価値観にも合致しているのである。

　最後に注意しておくべき点は，国と農協では地産地消の位置づけに微妙な差が見られたことである。国は，BSEを発端とする食の安全・安心への対応から，食育をリスクコミュニケーションの一環として位置づけ，食育の馴致化のために，すでに草の根的に展開されていた「地産地消」という表象を

必要とした。農水省は，食料自給率の向上と食への信頼の回復，厚労省は，食に関するリスク管理の強化，文科省は総合教育への活用が主な利害であった。一方，農協にとってより切実な問題が，組合員のJA離れなどの組織内部的問題であるとすれば，国が重視する「食料自給率」や「食の安全・安心」という表象を正当化のレバレッジとして接合することによって，地産地消による地域農業振興，JAのアイデンティティの再構築を可能としたのである。ここに「表象の相互資源化」とでも言える関係が見てとれよう。Strang and Meyer（1993）は，普及の制度的条件として影響力のある集団による理論化プロセスを重視するが，ボトムアップ的な理論化においても，現場の主体が置かれているコンテクストによって独自の理論化がなされるとすれば，双方のプロセスを考慮に入れ，相互にどのような関係にあったのかを分析する必要があろう。こうした表象をめぐるダイナミックなプロセスは，今後の検討課題として他の論考に譲ることにしたい。

（涌田幸宏）

〔付記〕

本章は，涌田（2015）を大幅に加筆・修正したものである。

●注

1 新制度派組織論的分析に社会運動論のフレーミングを取り入れる試みは，これまでにもさまざまな研究者によってなされてきた。たとえば，Lounsbury, Ventresca and Hirsch（2003）は，新たな実践や産業の創出を分析するために，「フィールド・フレーム」という概念を導入している。また，鈴木（2013）は，ご褒美消費の普及をフレーミングの視点から分析を行っている。

2 農林水産省「食料・農業・農村基本計画」平成17年3月，p.20。
http://www.maff.go.jp/j/keikaku/k_aratana/pdf/20050325_honbun.pdf（2015年1月15日アクセス）

3 http://ci.nii.ac.jp/（2015年1月15日アクセス）

4 「特集 地産地消を考える」『北方農業』北海道農業会議，第48巻第6号，1998年6月号，pp.4-21。

5 「地産地消への挑戦(1)野菜や魚，地域を駆ける——生産者・消費者が連携」『日経流通新聞』2000年2月1日。

6 http://kokkai.ndl.go.jp/（2015年1月12日アクセス）
7 農林水産省「「食」と「農」の再生プラン」平成14年4月11日。
http://www.maff.go.jp/j/study/other/keiei/noukyo_study/pdf/1s6.pdf（2015年1月15日アクセス）
8 農林水産省「食の安心・安全のための政策大綱」平成15年6月20日。
http://www.maff.go.jp/j/study/other/jas/pdf/7_1.pdf（2015年1月15日アクセス）
9 国会会議録をデータマイニングで分析した先行研究としては，藤末（2011）がある。ここでは，自由貿易協定（FTA）に関する国会議員の発言について，単語の出現頻度と共起関係が分析されている。
10 西岡（2012）も，「スムースな政策形成，あるいはアジェンダ・セッティングに資する政策ニーズの的確な把握のためには，行政機関による入念な広聴および広報活動が必要となる」（p.21-22）として，中央省庁による広報手段として「白書」を重視し，「厚生白書」のフレーミング分析を行っている。
11 農林統計協会編（2001）『（平成12年度版）図説　食料・農業・農村白書』農林統計協会。
12 農林統計協会編（2002）『（平成13年度版）図説　食料・農業・農村白書』農林統計協会。
13 農林統計協会編（2003）『（平成14年度版）図説　食料・農業・農村白書』農林統計協会。
14 農林水産省編（2005）『（平成16年度版）食料・農業・農村白書』農林統計協会。
15 農林水産省編（2006）『（平成18年度版）食料・農業・農村白書』農林統計協会。
16 http://www.ja-zenjyokyo.jp/activity/activity4.php（2015年1月15日アクセス）
17 「岡山県農協中央会，ふるさとの味で地域おこし」『日本経済新聞』1985年10月31日付。
18 JA全中『第20回JA全国大会決議—21世紀への農業再建とJA改革』1994年9月14日。
19 JAグループ・JA全中『第21回JA全国大会決議—21世紀の展望をひらく　農業の持続的発展とJA改革の実現』1997年10月14日。
20 JAグループ・JA全中『第22回JA全国大会議案—「農」と「共生」の世紀づくりに向けたJAグループの取り組み』2000年10月。
21 JA全中常任理事（当時）の篠塚勝夫氏は，「安心システム」とは，国内の農畜産物は，どこで・だれが・どんな作り方をしたのかわかる情報を消費者に開示していく取り組みだと説明している（「インタビュー—大会議案のねらいは？」『月刊JA』2000年10月号，p.34）。
22 JA全中第23回JA全国大会議案策定プロジェクトチーム「特集②　第23回JA全国大会組織協議案について」『月刊JA』2003年6月号，p.28。
23 JA全中『「農」と「共生」の世紀づくりをめざして—JA改革の断行』（第23回JA全国大会決議）2003年10月10日。

24 「新たな地産地消を推進するJAファーマーズ・マーケット」『月刊JA』2008年10月，p.19。
　なお，「JA地域特産加工・農産物直売所全国連絡協議会」は，2008年6月に「JA地産地消全国協議会」に改称し，新たなスタートを切っている。
25 全国農業協同組合中央会『食と農を結ぶ活力あるJAづくり─「農」と「共生」の世紀を実現するために』(第24回JA全国大会決議) 2006年10月，p.29。
26 2015年8月28日，全国農業協同組合中央会（JA全中）の権限を縮小し，地域農協や農家の競争を促すことを骨子とした，改正農協法が成立した。これにより，地域農協に対するJA全中の監査・指導権が廃止され，地域農協はより自立的な運営を求められることになった。今後，地域農協は，農業への市民の理解を深め，創意工夫のもとで地域密着型経営を一層進めることが必要であろう。第27回JA全国大会（2015年10月開催）では，農業改革の議論をふまえ，「農業者の所得増大」，「農業生産の拡大」，「地域の活性化への貢献」が最重点課題として掲げられ，地域農業の理解促進，農業者への意欲喚起の観点から，食農教育や地産地消の推進による地域コミュニティの活性化が提唱されている。
http://www.zenchu-ja.or.jp/wp-content/uploads/2015/10/151016_01.pdf（2015年11月26日アクセス）

第3章

表象概念に基づく
事業創造の理解に向けて

1 はじめに

　実在する事業経営についての当事者による記述は，事業経営の研究者にとって興味深い内容を含んでいる場合が多い[1]。筆者にとってはとりわけ，1から事業を立ち上げる事業創造（創業）や，既存の事業に大きな変更を加えようとする事業変革や事業転換のように，事業の意味・意義（meaning）を根本的に形成・再形成するプロセスについての記述には強く興味をそそられる[2]。それは，現在の事業経営のルーツを知りたいという「そもそも論」的な好奇心を満たすからでもあるが，事業創造や事業変更のプロセスで出現する極めて人間臭く，しばしばドラマチックに描かれる数々のエピソードや物語に，時に共感を伴いつつ，強く引き付けられるところがあるからでもある。

　事業経営の研究者にとって実在する事業経営に関するこのような記述は，単に個人的な興味の対象であることを超えて，事業経営研究のデータであり資料であり，多様な分析枠組みと分析手法を駆使するアカデミックな研究上の作法と手続きに従って加工を施され，最終的に研究成果の中に組み込まれる情報でもある。ただし，その過程で事業経営の記述は，原初の「香り（flavor）」を少なからず失ってしまうことが多いように思える。

　事業経営研究におけるこのような「情報の目減り（information loss）」は，

研究者が研究成果を他者に向けて発信する研究コミュニケーションの文脈において，対処すべき問題であると広く認識されているようである。この問題への解決方法として，たとえば，同一対象の多様な記述やデータに対して異なる複数の分析手法を適用したり，複数の研究パラダイムや枠組みを多元的に当てはめることによって，より多くの情報をそこから掬い取ろうとする試みがなされている[3]。

もう1つの方法としては，研究者個人にとっての「香りの消失」，研究上の関心に基づく「情報の目減り」が比較的に少ないと期待される研究パラダイムを研究者が選択・適用し，分析枠組みを構成する方法もある。本章は基本的にこのような研究上のスタンスを採る。すなわち本章が目指すのは，上述のような事業創造や事業変更の記述の中に出現するエピソードや物語を含めてより多くの情報を掬い取るのに適した研究パラダイムや概念や分析枠組みを選択・適用・構成することである。本章のテーマは，スペルベル（Dan Sperber）の「表象の疫学（epidemiology of representations）」に基づきながら，「表象」を鍵概念とする事業創造，事業変更の理解のための枠組みを提案することにある。

2 「言語論的転回」

事業創造や事業変更の記述の中に出現するエピソードや物語を含めて，できるだけ多くの情報を掬い取るのに適した研究パラダイムや分析枠組みの探索にあたって，その出発点を指示する用語として，本章では，いわゆる「言語論的転回」を選択した。厳密な意味での選択の根拠といったものは特にないが，掬い取りたい対象であるエピソードや物語が言語の下位集合であること，「言語論的転回」という用語自体の簡潔さ，この用語（概念）の外延的な広がり，といったことが用語選択の手掛かりとなった。

周知のように，「言語論的転回（linguistic turn）」は，20世紀哲学の主動向を表す概念である。それは第1次大戦後にウィーンおよびベルリンにおい

て形成された論理実証主義を推進したウィーン学団に参加していたベルクマン（Gustav Bergman）によって最初に用いられ，その後，米国の哲学者ローティ（Richard Rorty）が編纂し，1967年に出版されたアンソロジーの書名にもなって普及した（『岩波哲学・思想事典』参照）。

ローティによれば，「「言語論的転回」は，……，哲学の問題を「論理学」の問題として述べ直すことによって，非心理主義的な経験主義を創設しようとする企てとして出発した。経験主義者や現象主義者の教義は，いまや経験心理学上の諸結果の一般化としてよりは，むしろ，「言語の論理分析」の成果と見なしうると考えられた」（Rorty, 1979, 邦訳296頁）のであり，カント以来の「知識論という形で，永遠にして非歴史的な枠組を科学的探究に与える哲学」の課題についての言語に関する所見であるという。

ただし，石黒（1993）によれば，「言語論的転回」という日本語訳は適切ではないと指摘し，「"linguistic" という形容詞はここでは言語論に関するという意味ではなく，むしろ言葉自身への関心という意味に用いられている。哲学の問題を考えるに当って，言葉に注目するということである」（88-89頁）と述べている。石黒氏自身は哲学の「言語論的転回」の代わりに「言語への反省に基づく哲学」という用語を試みに提案している。

本節においては当面，"linguistic" を「言葉への注目」「言葉自身への関心」というアバウトな意味で用い，ローティが述べるような現代哲学における「言語論的転回」およびそれ以降の哲学の動向については，表象概念を考察する後節において取り上げることにしたい。

「言語論的転回」は，哲学の領域を越えて社会科学および人間科学にまで広がっている（Gabriel, 2004）。近年では，組織論においても「組織ディスコース（organizational discouse）」と呼ばれる研究領域が関心を集め，グラント（David Grant），ハーディ（Cynthia Hardy），オスウィック（Cliff Oswick），パトマン（Linda Putman）によってハンドブックが編纂され，日本語訳も出版されている（Grant *et al.*, 2004）。

Grant *et al.* (2004) によれば，組織ディスコースを構成する言語論的な

「ドメイン」として，①対話（dialogue），②ナラティブ，ストーリー，およびテクスト（narratives, stories, and texts），③レトリック（rhetoric），④比喩（tropes），の4つの領域を示唆している（Grant *et al.*, 2004, 第Ⅰ部）。本章における我々の主要な関心の焦点は③であり，とりわけナラティブやストーリーにある。

3 ナラティブとストーリー

ガブリエル（Yiannis Gabriel）によれば，組織のナラティブやストーリーに関する研究の特徴を以下のように指摘する。

「組織のストーリーテリングとナラティブに対する近年の関心は，組織論のナラティブ化（narrativization of organizational theory：引用者追記）という大きな傾向の一部である。それは，構造，パワー，技術などのような組織の物質的実在の頂上にそびえる推定上の上部構造の部分としてではなく，まさに組織の本質の部分として，言語や文書，メタファー，語り，ストーリー，ナラティブを強調する傾向のことである」（Gabriel, 2004, 邦訳100頁を一部修正）。

ガブリエルによれば，ナラティブは特別なタイプのテクストであり，定義，ラベル，リスト，レシピ，ロゴ，諺，仮説，理論，あるいは，神経症の症状，建物，衣類，楽器，調理器具などのように読み解くことのできる多くのテクストとは違って，登場人物が引き受ける相互に関連する出来事や行為の時間的な連鎖を含んでいる。ナラティブは単なる記号，アイコン，イメージではなく，登場人物が行ったこと，登場人物に生じたことを示す動詞が必要である。ナラティブは単なるスナップショットの写真イメージではなく，シーケンシング（sequencing），すなわちシーンの連続的配置が必要である（Gabriel, 2004, pp.63-64）。このようなナラティブの特徴は，事業創造や事業転換のような相互に関連し，時系列的に出現する出来事や行為の連鎖あるいはプロセスを記述するのに有効であろう。

ガブリエルによれば，ナラティブとストーリーの差異は2つある。すなわち，ストーリーにおいてはナラティブよりも，①プロット（筋立て，構想）の重要性，②影響力ある曖昧性（seminal ambiguity）あるいは創造的曖昧性（creative ambiguity），が増す。

　プロットは登場人物，シーケンシング，行為，状態等を含み，プロットによって我々は，出来事を織り合わせ，ある出来事のより深い意味を他の出来事に照らして理解できるようになる。さらに影響力ある曖昧性によってプロットの中の登場人物と出来事は，実在のものであっても想像されたものであってもよく，経験の産物であってもファンタジーの産物であってもかまわない。したがってストーリーは，単なるフィクションでもなく，出来事の単なる年代記でもない。ストーリーは，「情報としての事実ではなく，経験としての事実の伝達に照準を定めながら，ナラティブ素材を基底とした詩的作品を表象するのである」（Gablier, 2004, 邦訳102頁を一部修正）。

　ストーリーテラー（storyteller）がそのスキルと想像力とによって，このような特徴を持つストーリーを創ることをガブリエルは「ストーリー・ワーク（story-work）」と呼ぶ。ストーリー・ワークは詩的なワークであり，創造的想像のワークである。それは出来事との接触を失うことなく，常に出来事の中のより深い意味を追求する。ガブリエルの用語と枠組みに従えば，事業創造や事業転換の当事者はストーリーテラーであり，その行為の本質はストーリー・ワークであるといえよう[4]。

　それでは事業経営の当事者のストーリー・ワークはどのように遂行されるのか，またその本質は何なのか。この点について考察を前進させるために，次節において我々は事業創造の一事例を示すことにしよう。

4 事例―カンディハウスの創業

(1) カンディハウスの概要

1968年9月14日創業の株式会社カンディハウス（以下，カンディハウス）は現在，旭川家具産業において大きな存在感を示す家具製造企業である。すなわち，カンディハウスの2013年度の売上高は29億9,000万円であり，家具新聞社による「製造業年間売上ランキング50」の第26位に位置し，北海道から唯一ランクインした家具製造企業である。2014年度の売上高は，31億9,000万円であり，資本金は1億6,000万円，従業員数は268名である。本社と工場は旭川市にあり，支店は旭川市をはじめ全国に7カ所ある。海外にはCONDE HOUSE U.S.A.とCONDE HOUSE EUROPE（ドイツ）を関連会社として展開している（「2013年版家具企業便覧」；カンディハウスHP参照）。

(2) 創業のストーリー

カンディハウス創業のストーリーは，創業者であり社長であった長原實氏（本章執筆当時取締役相談役；以下，長原氏）に対するいくつかのインタビューのなかで語られている。本節では，それらのなかで最も詳細な石原嘉孝氏（OKUNO代表取締役社長）によるインタビュー（2012年4月10日，カンディハウス会長室にて実施）の記録を主要なテクストとしてカンディハウス創業のストーリーを見ていくことにする。

① 生い立ち

長原氏は1935年（昭和10年）に北海道東川村（現・東川町）に生まれた。長原氏の祖父は富山県出身で明治時代に北海道東川村に小作人として入植した。入植者の生活は非常に貧しく，おそらく長原氏を含めて長原家に共通する経験とコミュニケーションとから長原氏は次のような言説を表明している。

私の人生の一貫した思想の根っこは，かつて味わった「北海道の生活の貧しさ」から来ています。(「okuno journal」長原實第2回)

　長原氏はさらに，「北海道の生活の貧しさ」の因果論理（楠木，2010）を次のように組み立てている。

　……私のような北海道開拓農民の3代目はほんとに貧乏な育ち方をしていましてね。その貧乏な環境で育ったヤツが，ヨーロッパのその時代の文明を直接目にしてね，「彼らはみんな我々より相当豊かだ」という現実を知るとね…。やっぱり自分もそれを日本でやりたいと思うじゃないですか。しかも西欧のその豊かさは何で実現できているのかといえば，帝国主義のもとにおこなわれた植民地からの収奪ですよ。東南アジアや日本から上質な木材を我が物顔に安く大量に手に入れて，彼らだけがその豊かさを享受しているところを見るとね，「植民地経済はもうごめんだ」とやっぱりこれは抵抗しますよ。(「okuno journal」長原實第2回)

　この因果論理は後述のように，カンディハウス創業のストーリーにとって中核的なビルディングブロックであり，重大な意味を持たせるプロットになっている。

② 修業時代
　1951年（昭和26年）中学校を卒業した長原氏は，直ちに働きに出る。

　姉が3人，僕は男の3番目です。土地が5ヘクタールくらいですから，農業を継ぐにしても次男までがやっとです。だから僕は早く自立するしかなかったのですよ。（中略）中学を卒業したらどこかで働こうと，もうそれしか考えていなかったですよ。(「okuno journal」長原實第3回)

道立旭川公共職業補導所（現・高等技術専門学院）で1年間基礎的な木工技術の研修を受けた後，1952年（昭和27年）熊坂工芸株式会社に入社する。

　その頃，旭川に道立公共職業補導所というのがあって，木工の仕事も授業料タダで1年間教えてくれましたから，別に深い考えもなく手っ取り早く木工職人になろうと思っただけですよ。（「okuno journal」長原實第3回）

熊坂工芸株式会社に入社して3年後，長原氏は，1955年（昭和30年）4月に開所した旭川市立木工芸指導所の研修に参加し，初代所長松倉定雄氏の指導を受ける。

　……松倉さんに出会っていなければ私の人生はただの職人で終わっていたと思うのですよ。松倉さんから教えられた「デザイン」という言葉はとても魅惑的でした。1955年頃の日本ではまだ「デザイン」という言葉も考え方もほとんどない時代で，旭川辺りでそんな本や資料も見たことがありませんでした。でも松倉さんは商工省工業試験場というところにいた方で，書斎を訪ねていったら外国の本もたくさんありました。「デザイナー」という職業が西欧にはあって，その人たちの作品の書籍も出版されていることを知って「すごいなぁ」と思いましたね。それまではただ「技は先輩職人から盗め」といわれて過ごしてきた20歳の僕に，その頃世界の扉がちょっと開いたのです。（「okuno journal」長原實第4回）

さらに長原氏は，松倉氏の勧めもあって，通産省産業工芸試験所デザイン科伝習生として3カ月間東京で修業することになった。デザイン系や建築系の洋書を買い集めては貪るように読み，試験所内にあった北欧家具のコレクションに心引かれ，「やっぱりオレは北海道に戻るのではなくてヨーロッパに行きたい」と渡欧の志を抱くようになった。

③ 海外研修と創業の決意

当時の旭川市長は前野与三吉氏であった。前述の旭川市立木工芸指導所の創設も前野市長によって構想され，実現した地方行政の成果の１つである。1961年（昭和36年），前野市長は，全国９市長視察団の一員として欧米を視察旅行した。この時の旅行の目的の１つは，当時の西独および北欧の家具産業を視察して木工青年のドイツ研修派遣の可能性を調査することにあった。その結果，前野市長の発案になる「海外派遣技術研修候補生」制度が立ち上がった。研修は３年契約であり，研修生の受け入れ企業は，ノルトライン・ヴェストファーレン州ラーゲ市レッツェン（現バート・ザルツファーレン市）所在のキゾ兄弟社であった。研修条件は，最初の45日は見習い，以後は月４万円を支給し，旭川市は片道旅費25万円を支給した（木村，2004，97-98頁参照）。

長原氏は，この制度に基づく第１期研修生募集に応募し，選抜された３人の研修生の１人として，1963年（昭和38年）３月，３年間の技術研修に向けてドイツに出発した。インタビューの中で長原氏は，研修先であるキゾ兄弟社の所在地およびキゾ兄弟社の概要，「研修生」の実態がスペイン，イタリア，ギリシャ，トルコ等からの出稼ぎ労働者に等しかったことなどを語るとともに，家具製造の事業経営における日独の違いについて次のように語っている。

　　当時の日本のやり方と決定的に違っていたのは，まずヨーロッパ各地を広くカバーするための「営業の仕組み」です。それと工場では要所要所のマイスターが行う「生産管理システム」です。もう１つは高度な機械設備による「生産の合理性」ということでした。彼らは日本より20年は先を行っていると思いました。
　　《日本の場合，例えば熊坂工芸ではどのようなものだったのですか。》
　　社長や専務などが注文を取ってきて，それを職人一人一人が請負で作ります。各職人はバラバラで，生産システムなどはありません。だから例え

ば役場から受注した場合，椅子だけでも100脚くらいの数になりますから，当然何人かで手分けして作ります。すると人によって出来上がりが違うのです。品質もバラバラ（笑）。向こうでは絶対にあり得ないことで，「品質の基準」があり，それに費やすべき時間までコスト計算をして設定されているのです。設備や道具も圧倒的に違いました。もちろんその頃は手でやる部分も結構ありましたので，「お前は器用だ」ということで僕は手仕事の方に廻されましたが……。（「okuno journal」長原實第6回）

次いで長原氏は，「ドイツ研修の3年間余りで身に付け，考え続けてきたこととは？」という質問に対して次のような体験を語っている。この言説はカンディハウス創業のコア・ストーリーとでも言える部分であるので，いささか長文にわたるが引用する。

　私は3年間で約18万km，車を乗りつぶすほどヨーロッパ中の美術館などを見て回りました。そんな中での強烈な体験です。デンマークの「フレデリシア」という家具工場（に：引用者追記）行った時のことです。そこでは当時有名なデザイナーたちの椅子を作っていました。訪問した私に社長は自らそれらの製品を見せてくれました。そして自慢げに「我が社は欧米各国や日本にも輸出している」と言いながら，更に「この材料は君の国の日本から来ているものだよ」と言ったのです。もちろんその社長はただ自社のすごさを説明しただけでしたが，それを聴いた私の受けた「衝撃的な屈辱感」を今でも忘れることができません。私は全くその逆のことを感じ背筋を打ちのめされました。
　その日本からの木材とは実は「北海道のナラ材」だったのですが，当時日本では家具の材料としては全く無視されていて，只同然の価格で輸出されていました。それをヨーロッパでは付加価値をつけて，世界中に輸出しているというのです。日本ではほとんど無視されている「ナラ材」がこちらでは貴重品としてあつかわれていることも知ることができました。とも

かくその時私は，日本とヨーロッパとの間には，その技術力，デザイン力，世界中をマーケットとするマネジメント力などにおいて，あまりにも大きな差があること知り，打ちのめされたのです。ドイツでいろんな国の職人達と一緒に働いてみて，私は手で仕事をすれば誰にも負けないという自負心を持ちました。その一方で工場生産システムについては彼らの方が遙かに優れていることを知りました。それならば，私がその両方を上手くミックスすれば世界一の工場ができるだろう，世界一の「ものづくり」ができるだろう，というのが帰国する時の僕の結論です。それをやりたい！と。

と同時に，貴重な資源をただ輸出するだけの植民地的経済の状況から北海道は脱却しなければならない。北海道で十分輸出できるような家具を作れば，その木材は4倍以上の価値が付くだろう，等といろいろ思いながら帰国しました。都合，3年半ヨーロッパで過ごして来て，一番大きな収穫はそれです。「自分のやるべきことが決まった！」という……。31歳の時です。(「okuno journal」長原實第7回)

④　創　業

1966年（昭和41年）10月，創業の志を胸に帰国した長原氏は直ちに創業に向けて動き出したのではなかった。松倉氏の勧めで工芸指導所の指導員になり，旭川の家具業者を相手に新しい家具事業のあり方を説いた。

　　大部分の人は「ヨーロッパ帰りの若造が何を」と思いますよね。それでも一部にはちゃんと聞いてくれた人がいましたが。(「okuno journal」長原實第8回)

指導員の立場から旭川の家具業界の事業変革を試みることの限界を感じた長原氏は，改めて自ら独立して事業を起こす決心をした。

　　デザイン事務所で食べていける自信も見通しもないので，まずは小物作

りをするクラフト工芸の工房をやろうと考えました。するとそんな私の動きを知って，「お前が本当に独立するなら俺たちが支援するぞ」という人達が，オレは100万出すぞ，50万出すぞと数人で400万円用意してくれたのです。今の額でいえば4千万位にはなります。私もそれだけのお金は魅力がありますし，心の中では「自分の技術とドイツのシステムを統合すれば日本一になれる」という思いがあるわけですよ。

　こういう時は兄姉が多いというのはありがたいもので，私は駆け回って何とか100万円を用意してもらい，合わせて500万円で会社を作りました。それが「株式会社インテリアセンター」（カンディハウスの前身：引用者追記）です。（「okuno journal」長原實第8回）

　長原氏は1968年（昭和43年）に立ち上げた新会社で直ちに社長に就任したのではなかった。創業時の資金調達能力が不足していたためである。

　しかし会社を作ってすぐに現実を知ることになります。銀行に行っても貸してくれないし，木材も売ってくれないしで，財力のない私が代表ではダメだということが分かったのです。何の資産も持っていませんでしたからね。そこで一番大口出資者の末永さんという方に社長になっていただいて，私は専務で10年やりました。もう1人大口出資者の臼杵さんという方にも，その後一時社長をお願いしました。おふたりとも家具の製造や塗装の会社の経営をなさっておられる方でしたよ。（中略）臼杵さんは塗装業ですから家具の塗装を引き受けてメリットがある関係でしたが，末永さんは自らも家具の製造業で，むしろ競争相手がひとつ増えることになり全く利益がありませんでした。その末永さんにまず社長をお願いしたところ，「私でお役に立つならば…」と快く引き受けてくれました。しかも末永さんは会社がスタートした時から，専務である私に「君の思うようにやれ」と会社の代表印を預けてくれたのです。（「okuno journal」長原實第8回）

資金面での創業の隘路がなくなった長原氏は，スタッフ12人を雇用し，1,000万円を借り入れて工場を建設し，中古の機械装置を据え付けた。1年間の準備期間を経て1969年（昭和44年）から家具製造を始めた。しかし道内では全く売れなかった。

　　……地元の旭川や札幌等では全く売れないのですよ。ヨーロッパ仕込みそのままの"バタ臭いもの"でしたからね。設立2年目になって，ほとほと困って，札幌の建築家の上達野徹さんという方に相談に行ったのですよ。バウハウスもよく勉強なさっていた方でしたが，「これは君，北海道ではムリだ。でも東京では売れるはずだよ」と助言してくれました。
　　……初めに訪ねたのが新宿小田急百貨店で，別館の輸入家具専門店「ハルク」の家具部長にお会いしました。「これ何となく北欧臭いけど面白いねぇ」と言いながら値段を見て「これなら売れるかもしれんよ，やってみよう」ということで扱ってくれたのです。
　　実際に売れるまでには1カ月かかりましたが，1脚売れるとうまくいくものなのですねぇ。その後は次々に売れて行き，そこでやっと日の目を見ました。それは記念すべき椅子なので，我が社に今でも置いてあります。
　　実は後になって私にもわかったのですが，その頃ハルクの輸入家具は主にデンマークやスウェーデンのもので，東京ではみんな欲しがっていたのですが，高くてなかなか売れず悩んでいたのですね。なにしろ1ドル360円で輸入してくるわけですから。でも「潜在需要」は間違いなくあると思っていたところに，ヨーロッパ製と同じ北海道材を使い，北海道で作ったものが約半値ですから，「これなら売れる」と部長は判断なさったのだろうと思います。札幌の上達野さんもそれは感じ知っていたのでしょう。
　　そしてハルクで売れ始めたという情報が他の百貨店のバイヤーに伝わり，2カ月もしないうちに三越や髙島屋からも買いに来てくれて，営業に出向かなくても良くなりました。波に乗るというのはそういうことでね～。

(「okuno journal」長原實第9回）

5 事業創造のストーリー分析

　我々はここまで社会科学や人文科学における「言語論的転回」のより具体的な展開として組織ディスコース研究を取り上げ，その主要な研究領域の1つとしてナラティブとストーリーに着目し，事業創造のプロセスをストーリーテリング，あるいはストーリー・ワークとして描写・記述できるのではないかという研究上の見通し（パースペクティブ）を持つに至った。この見通しに従って，カンディハウスの創業のプロセスを創業者の長原實氏をストーリーテラーとする創業のストーリーの事例を採集し，経営学的な解釈を薄く施した紹介を行った。今や我々は，事業創造のストーリーをテクストとして事業経営の研究者はどのような概念や枠組みによってテクストを解釈・理解すべきなのかという選択問題に直面している。

(1) ストーリーの真実性

　既述のように，ストーリーは，単なるフィクションでもなく，出来事の単なる年代記でもない。ストーリーは，「情報としての事実ではなく，経験としての事実の伝達に照準を定めながら，ナラティブ素材に加えられる詩的推敲（poetic elaborations）を表象するのである」（Gabriel, 2004, p.64）。

　詩的作品とみなされるストーリーは「偽造（falsification）」あるいは事実の曲解なのだろうか。ガブリエルによれば，「真実の判断基準が報告の正確さであるならば，疑いもなく，事実の曲解である。しかし，真実の判断基準が違ったものであれば，事実の歪曲，省略，誇張はより深遠な真実を供する。」（Gabriel, 2004, p.66）と述べている。

　フィクションが実在以上に真実をもたらすかどうかは，長年にわたって哲学者が頭を悩ませてきた問題である。論争の起点にプラトン（Plato）の否定論とアリストテレス（Aristotle）の擁護論がある。

プラトンは，存在論におけるミーメーシス（模倣：mimesis）の理論に基づいて，詩人は「存在の本性（physis）」に与(あずか)ることなく「存在の影像」を作り出すことに終始するとして，詩人を「現象模倣者」であると判定し，詩的ミーメーシスの成果を存在者一般の下位に置いた（『岩波哲学・思想事典』参照）。

これに対してアリストテレスは，ストーリーや詩的作品の真実性を擁護した。

> ……，詩や芸術は実在するものを模倣するのではなく，一般的なもの，理想的なもの，深く真実なるものを模倣するのである。芸術におけるミーメーシスは単なる模倣ではなく，いかなる侮蔑的な意味合いも帯びてはいない。それは模倣ではなく，表象（representation）になっている。芸術のワークによって表象される実在は，歴史家や年代記作者によって表象された実在よりもより真実でありより深遠である。すなわち，芸術のワークは，単に皮相の現象（appearance）を模倣する代わりに，本質や一般を表象するのである。(Gabriel, 2004, p.67)

ストーリーが「正確な報告」以上の真実を含み，ストーリー・ワークが実在の単なる模倣ではなく，表象であるとすれば，我々は表象を鍵概念とする枠組みに考察を進める必要があるだろう。これは次節の課題である。

しかし，その前にわれわれは，ストーリーの真実性をめぐるもう1つの問題，すなわちストーリーテリングにおける偽装（dissimulation），さらには捏造（fake）をめぐる問題である。

(2) ストーリーテラーと聞き手の間の心理的契約

上述のように，ストーリーは，経験としての事実の伝達に照準を定めながら，ナラティブ素材に加えられる詩的推敲を表象している。これによって経験としての事実の伝達者であるストーリーテラーは特異な特権が与えられる。

ガブリエルはこの特権を「詩的ライセンス（poetic licence）」と名づけている（Gabriel, 2004, p.64参照）。

「詩的ライセンス」は，ストーリーテラーが真実を表象していると主張しているまさにそのときに，ストーリーの有効性に忠実であり続けることを可能にする。すなわち，「詩的ライセンスは，ストーリーテラーとその聞き手の間の心理的契約（psychological contract）の特徴の一つである。この契約によってストーリーテラーは，実在を表象していると主張しつつ，効果を狙って素材を詩的に成型し，省略し，決して明白ではない関連を描写し，ストーリーの筋書きに抵触する出来事には言及せず，装飾し，感情を表明し，コメントし，解釈することが可能になるのである。このような詩的介入は全て，経験に声を与えるという名の下に正当化される。このように詩的ライセンスはストーリーテラーが事実らしいストーリーを取り出すのと交換に，聞き手による不信の一時停止を手に入れるのである」（Gabriel, 2004, p.64）。

このような心理的契約の関係は常に安定して保たれるのではなく，しばしば脅かされる。ストーリーの聞き手による「だからどうした（So what）?」という反応は，ストーリーのプロットが意味を伝え損なったことを示し，「冗談だろう」という反応は，事実らしさ（verisimilitude）を伝え損なったことを示している（Gabriel, 2004, p.64参照）。

すなわち，ストーリーの有効性は極めて微妙なバランスの上に成り立っている。したがってそのバランス条件の特定化はストーリー分析の重要な研究課題になりうるであろう[5]。

ストーリーテラーと聞き手の間の心理的契約という概念は，ストーリーテリングが社会的実践であることを前提しているとともに，ストーリーというテクストの真実性の源泉がそれによる社会的正当化にあることを示唆している。これは後述する「ホーリズム（holism）」あるいは「全体論」の考え方に相当するといえよう。

6 事業創造の表象論的アプローチ

(1) 表象の概念

　前述のように，ガブリエルは，ストーリーや詩的作品の創作といった芸術のワークは，単に皮相の現象（appearance）を模倣する代わりに，本質や一般を表象するのである，と述べている。それでは表象とは何か。

　表象の概念は多義的である。すなわち，今村（1988）によれば，表象の原語，すなわち英語の representation, フランス語の représentation, ドイツ語の Vorstellung などのヨーロッパ語は「代理，表象，再現，上演，表現などの訳語を文脈に応じて割り当てるほかはない」ために1つの日本語に置き換えることはできないとして，「リプレゼンテイション」とカタカナによる表音表記をしている。しかし同時に，今村は，「これらの言葉に共通する構図はひとつである—すでに存在するものを何ものかで表す（置き換える）こと」（今村編，1988, 623頁）であるとも述べている。本章ではこの共通性に基づき，また日本の哲学用語として一般的でもある「表象」という表意表記を使用する。

　このように表象概念は多様な文脈で使用されるので，まとまりのある心像あるいはイメージが浮かびにくい。そこで，直観的に表象概念を理解するために，スペルベルが示す籠の表象を創作（produce）する事例について考えてみる。

　　読者が籠の表象を創作しようと思っている，と仮定してみよう。その場合，あなたは籠のイメージを創作してもよいし，籠を記述することもできる。換言すれば，あなたはその籠に類似した対象—たとえば，写真やスケッチ—を創作してもいいし，あるいは言明（statement：引用者追記）を創作してもいい。言明は決して籠に似ていないが，籠について真なる何

第3章　表象概念に基づく事業創造の理解に向けて　59

か（something true：引用者追記）を語っている。（言うまでもなく，ある記述が妥当であるために，それが真であることは，必要だが十分な条件ではない。）(Sperber, 1996, 邦訳58頁より一部修正)

　この場合，「すでに存在する何ものか」は直接目に見え，触わることができる籠という物体であり，創作される表象はイメージと言明である。次に，「すでに存在する何ものか」が物体ではなく，たとえば，「赤頭巾ちゃん」のようなお話であっても表象を創作することはできる。この場合，お話はそれ自体が「すでに存在する何ものか」（たとえば，民間伝承）の表象であるから，表象から表象を創作することになる。

　あなたはお話（というより，その特定のヴァージョン）を記録するか書写するかもしれない。つまり，写真またはスケッチが籠に類似するのと同じ意味で，そのお話に類似したものを創作するかもしれない。あなたはまた，次のように語ることによって，お話を記述するかもしれない。「それは，一匹の動物と数人の人物が登場する，ヨーロッパ中に広まっているお話である。」(Sperber, 1996, 邦訳58-59頁より一部修正)

　ここで籠の表象創作のときには表面化しなかった問題が出てくる。すなわち，語られているお話の記録や書写は聴覚的な形態を表象するものであり，その過程で失われるものは少ない。それに対して，例示された記述はお話の内容について多くが失われ，わずかなものしか伝えていないという問題がある。もちろん，この問題を解決するためにわれわれはお話をどこまでも詳細に記述することはできる。しかしその結果は別の問題を引き起こす。すなわち，それは最早，真なる何かを語る言明の創作ではなく，お話しを表象する対象，すなわちそのお話の別のヴァージョンをそっくり創作したこと，いわば模倣あるいはコピーしたことになるのである。
　つまり，ある表象の内容から記述によって言明という別の表象を創作する

ことは，籠のような物体の表象を記述によって創作する場合には隠れていた次のような表象創作の本質が明らかになる。

　表象の内容を表象するためにわれわれは，類似した内容を持つ別の表象を使う。表象の内容を記述するのではない。換言すれば，表象の内容を言い替え，翻訳し，要約し，詳説するのである――手短に言えば，表象を解釈するのだ。解釈とは，内容の類似性によって表象を表象することである。(Sperber, 1996, 邦訳59-60頁より一部修正)

最初の例示に戻れば，籠は単なる物体ではなくて「すでに存在する何ものか」の表象であったのかもしれない。そうすると籠に関する言明という表象の創作は，スペルベルの定式化に従えば，籠という表象を他の表象によって解釈したことになるだろう。このように表象は，言明の場合は解釈，イメージの場合には記録やコピーを繰り返すことによって，原理的には無限に多くの表象を連鎖的に創作し続けることができるだろう。

ところで，スペルベルが示した事例における表象はその創作者以外の人間が見たり聞いたりすることのできる表象である。スペルベルはこのような表象のことを「公共的表象 (public representations)」と呼ぶ。公共的表象とは，「人間の振る舞いが環境に引き起こした，知覚可能なあらゆる変更」「身体運動と身体運動による結果」としての公共的生産物 (public production) の中で，言語的発言のようなコミュニケーションに関与する対象のことである (Sperber, 2000, 邦訳168-169頁参照)。籠の表象の創作が他者への公表を全く意図しない場合もあるので，籠の表象が必ずしも常に公共的表象であるとは限らないが，公共的表象になる潜在的可能性を持った表象ではある。

(2) 心と表象

近代哲学はその父と呼ばれるデカルト (René Decartes 1596-1650) に始まる。

デカルトの考え―それは「近代」認識論の基盤となった考えであるが―によれば「精神（mind：引用者追記）」の内にあるのは表象であり，〈内的な眼〉がそれらの表象を精査してそれが現物を忠実に写していることを証拠だてる何らかの徴しを見いだそうとするのである。(Rorty, 1979, 邦訳33-34頁)

近代哲学において知識は心（mind）の中の表象，あるいは内的表象（inner representation）であるとされる。近代哲学における知識と表象の関係については次項で考察するが，ここでは心と表象の関係について直観的な理解を深めるためにローティが示す事例について考えることにしたい。

もし私が口に出さずに突然「しまった，ウィーンの喫茶店のあのテーブルに財布を置き忘れてきた！」と心の中で思うならば，あるいはテーブルの上の書類鞄のイメージを思い浮かべるならば，そのとき私はウィーン，財布，テーブル，等々を表象しているのである―つまり，私はこれらすべてを志向的対象（intentional object：引用者追記）としてもつのである。(Rorty, 1979, 邦訳11頁)

籠の表象の創作の事例とは違って，「私」の顔色が青ざめるとか，息が荒くなるといった他者から見える可能性がある外的変化をのぞけば，この事例における表象の出現は終始その人の内部，心の内の出来事である。言語表現も伴っていない。このような表象をスペルベルは「心的表象（mental representations）」という。心的表象とは，個々人の心・脳の中に存在する対象であり，信念，空想，意図，欲求などがそれに当たる（Sperber, 2000. 邦訳168-169頁参照）。

心的表象は心的なもの（the mental）あるいは心性（mentality）の一種である。ローティによれば，心性には，①思考のひらめき，心的イメージ，②信念，願望，意図，③たとえば，痛みのような生の感覚（raw feels），④

図表3-1 さまざまな心性の間の関係

	現象的特性を持つ	現象的特性を持たない
志向的・表象的	思考のひらめき 心的イメージ	信念，願望，意図
非志向的・非表象的	生の感覚 たとえば，痛みや乳児が色つきの物体を見た時の感覚	「単なる物理的なもの」

(出所) Rorty (1979) p.24.

「単なる物理的なもの」がある。ローティが示した表象の事例は①に，スペルベルの心的表象は②に相当するといえよう。④は脳・神経系や神経過程がその例示である。これら心性間の関係は**図表3-1**の通りである。

図に示すように多様な心性は志向性と現象性の次元に沿って分類されている。それぞれ現象学に関連する大きな概念であるが，ローティは次のように説明している。

> 心的なものを志向的なものとして定義することに対する明白な反論は，痛みは志向的ではないということである。痛みは何かを志向するわけではないし，何かについて痛みがあるわけでもない。心的なものを「現象的なもの」として定義することに対しては，信念はほかのもののように感じ取られるものでないということが明白な反論となる。信念は現象的特性を持っていないし，また人が持っている実際の信念は必ずしもその現われと一致しているわけではない。(Rorty, 1979, 邦訳10頁)

(3) 知識と表象

　ここで再び籠の表象を創作する事例に戻る。議論を単純にするために，ここでの籠は何かの表象ではない（あるいは，何の表象であるかをあらかじめ知らない）ものとする。いわば物体としての籠に我々は相対しているものとする。籠のイメージを創作する場合を含めてもいいが，ここではその籠についての言明を創作する場合に限って考える。この言明の創作は，最終的に，創作者が自分以外の誰かに創作された言明（つまり，表象）が到達することを目指し，共通の言語によって媒介されているものとする。

　籠について創作される言明の記述内容は千差万別であろう。たとえば，その籠がどのような場所に置かれているか，季節や時刻はいつか，籠を照らし出している光は自然光か人工光か，どちらの方向から光は差しているか，籠を眺めている人は何人ぐらいいるのか，言明創作者と籠の位置関係はどのようなものか，といった籠を取り巻く周囲の状況の記述，籠の形や色，大きさ，素材，手触り等の籠の物理的な記述，籠の作家や作品制作の年代や場所等の履歴の記述，等など。

　籠についての言明を創作するにあたって，創作者は必ずしも正確な報告だけを意図するばかりではないだろう。たとえば，言明の創作者が籠を目の前にしたときの感動や喜びや驚きを凝った文体やメタファーを駆使することによって言明の受け手に伝達しようと試みるかもしれない。言明には正確な報告を専ら意図した学術的・科学的な報告から，美的，芸術的な表現に注力した，既述の用語を使用すれば，詩的なナラティブやストーリーに至るまで，いわばグラデーションを伴って多種多彩な創作が可能であろう。

　フランスのデカルトに始まり，英国のロック（John Locke 1632-1704）を経て，ドイツのカント（Immanuel Kant 1724-1804）に至って一応の完成を見る，いわゆる近代哲学においては，ここで言う報告の正確さが知識の要件とされた。ローティは次のように述べている。

知るということは心の外に存在するものを正確に表象することである。したがって知識の可能性や本性を理解することは，心がこのような表象をどのような仕方で構成できるのかを理解することにほかならない。哲学の主要な関心事は表象の一般理論たること，つまり文化を幾つかの領域，すなわち実在をうまく表象する領域，あまりうまく表象しない領域，（表象していると称しながら）まったく表象していない領域，といったものに腑分けする理論たることにあるのである。(Rorty, 1979，邦訳 序論21-22頁)

　現代に至ってもなお，一定の影響力がある「ほかの文化的領域が行なう資格請求を支持したり却下したりする純粋理性の法廷としての哲学」(Rorty, 1979，邦訳 序論22頁) という哲学の自己概念は17世紀以来の近代哲学，とりわけカントの遺産である。

　哲学を科学から最終的に分離することを可能にしたのは，哲学の中心をなすのが「知識論」(theory of knowledge：引用者追記)，すなわち科学の基礎づけであるがゆえに科学から区別されるような理論であるという思想である。今日われわれはこうした思想の起源を少なくともデカルトの『省察』とスピノザの『知性改善論』にまでさかのぼることができる。しかし，それはカントに至って初めてはっきりした自覚に達したのである。(Rorty, 1979，邦訳140頁)

(4)　認識論的行動主義とホーリズム

　ローティによれば，ウィトゲンシュタイン（Ludwig Josef Johann Wittgenstein 1889-1951），ハイデガー（Martin Heidegger 1889-1976），デューイ（John Dewey 1859-1952）に始まる現代哲学は，近代哲学からの脱却，「反デカルト主義的・反カント主義的革命」(Rorty, 1979，邦訳25頁)

の中から生まれたという。したがって，現代哲学において知識は，近代哲学とは違った観念（notion）を構成することになり，それに伴って表象概念が置かれていたコンテクストも変化し，異なる意味で使用されることになる。

ローティによれば，「反デカルト主義的・反カント主義的革命」は，米国の哲学者，クワイン（Willard Van Orman Quine 1908-2000）とセラーズ（Wilfrid Sellars 1912-1989）の論文が大きな契機になっている。すなわちクワインの「経験論の2つのドグマ」（『論理的観点から』1953年に所収）とセラーズの「経験主義と心の哲学」（『科学・知覚・実在』1963年に所収）である。

彼らの論文の革命性についてはRorty（1979）において詳細に吟味されている。ここでは，後述するスペルベルの「表象の疫学」モデルに関わる範囲で，これら論文に見る彼らの思想についてローティの解釈を以下に示す。

クワインとセラーズの論文はともに，分析哲学のカント的基礎づけに対する根本的批判であるが，彼らの思想的な立場をローティは「認識論的行動主義（epistemological behaviorism）」と名付け，ホーリズム（全体論）の一種であるという。

　　合理性と知識の権威に言及することで社会がわれわれに言わせることを説明することよりも，社会がわれわれに言わせることに言及することで合理性と知識の権威を説明することが「認識論的行動主義」と私が呼び，デューイとウィトゲンシュタインに共通した態度の本質なのである。この種の行動主義は全体論の一種と見なすのが最善である。ただし，いかなる観念論者の形而上学的基盤をも必要としない全体論であるが。（Rorty, 1979，邦訳190頁を一部修正）

この場合，ホーリズム（全体論）とは次のような意味である。

　　……，彼ら（クワインとセラーズ：引用者追記）の全体論は，正当化が

観念(ないし言葉)と対象との間の特殊な関係に関わる事柄ではなくて，むしろ会話あるいは社会的実践に関わる事柄であるというテーゼを引き受けたことの結果なのである。いわば会話的正当化とでもいうべきものは本来，全体論的であるのに対して，認識論の伝統に埋め込まれた正当化の観念は還元主義的であり，原子論的[6]である。(中略)(クワインとセラーズの：引用者追記)主張の決定的な前提は，われわれが信念の社会的正当化を理解する時にわれわれは知識を理解するということであり，したがって，知識を表象の正確さと見なす必要がないということである。(Rorty, 1979，邦訳185頁を一部修正)

ローティのいうホーリズムは認識論的ホーリズムのことである。現代哲学におけるもう1つのホーリズムにデイヴィッドソン(Donald Davidson)に代表される意味論的ホーリズムがあり，「個々の語や文は言語体系全体のコンテクストの中でのみ意味をもち理解しうるとする立場である。したがって，個々の語や文の意味の変化は言語体系全体の変化と連動する」という考え方である(『岩波哲学・思想事典』)。

既述のように，ガブリエルのナラティブ・ストーリー論は，認識論的・意味論的ホーリズムの立場と解釈することができる。これに対して，後述するスペルベルの「表象の疫学」は，非全体論的である。すなわち，「……，流行病のような，個体群レベルのマクロ現象を，個人的な出来事(たとえば，病気に感染すること)をもたらすミクロな過程が累積した結果として説明する」点において，「全体論的説明とは明確なコントラストをなしている」と述べている(Sperber, 1996，邦訳6頁)。ただし，このスペルベルの立場は，社会科学における方法論的個人主義の立場を表明したものであって，彼の認識論，意味論における立場を表明したものではないと解釈できる。

(5) 「表象の疫学」モデル

「表象の疫学」モデルは**図表3－2**に示すような心的表象と公共的表象の

第3章 表象概念に基づく事業創造の理解に向けて　67

図表3－2■公共的表象と心的表象の因果連鎖

（出所）　Sperber, 1996, p.25より筆者作成。

因果連鎖モデルである。

　スペルベルによれば，「表象の疫学」は，「公共的表象と心的表象を含む因果連鎖についての研究」である（Sperber, 2000, 邦訳104頁参照）。したがって，「表象の疫学」にとって有意（relevant）な過程は，思考と記憶に関する個人内過程（intra-individual processes）と，「ある主体の表象が，主体が共有する物理的環境を改変することを通じて他の主体の表象に影響を与えうるような過程，つまり個人間過程（inter-individual processes）である」（Sperber, 2000, 邦訳104-105頁）。個人内過程は純粋に心理学的であり，個人間過程は一部，心理学的であり，一部は生態学的である。

　社会集団のどの成員も心・頭脳の中に膨大な量の心的表象を宿している。それらのあるものはすぐに忘却されるが，中には長期記憶に蓄えられて個人の「知識」になる心的表象もある。また，心的表象の中には，反復して伝染しながら社会集団全体に広まり，成員のほとんどがその心的ヴァージョンを持つようになるものもある。社会集団の中で広範に分布し，永続する心的表象と，それと因果関係にある公共的表象の全体を文化的表象（cultural representations）という（Sperber, 2000, 邦訳57頁参照）。

　文化的表象の内容を理解可能にしようとする解釈とは別に，文化的表象について「作動している一般的メカニズムを同定する」，すなわち文化的表象を説明しようとする場合，スペルベルは文化人類学におけるいくつかの既存

の説明[7]を吟味した上で,「表象の疫学」が最も有望であるとしている。

　文化的事象の因果的説明は実際には一種の表象の疫学に等しい。(Sperber, 1996, 邦訳86頁)

　上述のように,文化的表象と個人的表象の間に境界線はない。どんな表象でも多少とも文化的である。したがってある表象の文化的性格を説明することは,「所与の人間の個体群において,これらの表象が他の表象よりも成功をおさめたのはなぜなのか」(Sperber, 2000, 邦訳86頁) という問いに答えることを意味する。「表象の疫学」は,この問いに対して,心的表象の形成や変形を生じさせる個人的メカニズムと,環境のさまざまな変化を通じて表象を伝染させる個人間のメカニズムの効果が累積したものとして説明する (Sperber, 2000, 邦訳86頁参照)。

(6)　メタ表象能力

　上述の「表象の疫学」の基本的な問いを,心的表象の形成や変形を生じさせる個人的メカニズムから説明しようとする場合,人間の認知能力 (cognitive ability) や認知システムを考察する必要がある。ここでは認知能力の1つであるメタ表象能力について解説をする。

　スペルベルによれば,認知能力は文化的表象になりうる表象を濾過するフィルターとして機能するという。認知能力の濾過機能は,認知システムの合理性に関係する。人間の知覚には幻覚があり,推論には誤りがあるから,人間の認知システムを通じて得られる世界の全体的表象には全面的な整合性があるわけではない。しかし人間は,おおよそ正確な知識を生み出す,認識論的に信頼できる認知システムを進化の過程で獲得し,それによって効果的な環境との相互作用という目的を果たしてきた。信頼できる認知システムは充分に合理的でなければならず,「合理性は,経験的な非合理性と論理的矛盾を避け除去しようとする認知的メカニズムを前提する」(Sperber, 2000,

邦訳118頁）のである。

　人間は認知システムを通じて多様な心的表象を発達させる。異なるタイプの表象は異なるやり方で合理性を達成し，異なる処理過程によって表象は認知的に濾過される（Sperber, 2000, 邦訳119頁参照）。

　これらの心的表象の中で世界についての日常的な経験知識は，概念的，論理的，知覚的に強い制約の下で発達し，それゆえに経験的な妥当性と整合性を持つに至る。これに対して宗教的信念や科学的仮説といった心的表象については，弱い濾過メカニズムが働く。

　人間は環境や身体に生じる事象だけでなく，自らの心的状態，心的表象，心的過程を心に表象できる。そのために人間は表象についての表象（representations of representations）を形成する能力，すなわち「メタ表象能力（meta-representational ability）」を持つ。スペルベルによれば，これは人間の知識の獲得，言語的コミュニケーションにとって本質的な能力であるという（Sperber, 2000, 邦訳120頁参照）。

　メタ表象能力はどのような認知的濾過メカニズムを持つのであろうか。第1は，ある表象をありそうにもないことや偽として表象することで，疑ったり信じないようにする態度を形成する濾過メカニズムである。第2は，完全に理解していない情報や，適格な表象を形成できない情報を適格なメタ表象に埋め込む濾過メカニズムである。これは子供の概念的な知識の発達過程に見られる。

7　結　語

　「所与の人間の個体群において，ある表象が他の表象よりも成功をおさめたのはなぜなのか」という「表象の疫学」の基本的な問いを地域における事業創造の事象に投げかけ，これを個人の認知メカニズムから答えようとする場合，変革型リーダーのメタ表象能力に焦点を合わせた研究テーマが設定可能であろう。

たとえば，既述のカンディハウスの事例においては，同社の創業者で現・取締役相談役の長原實氏が創業にいたる経緯は，長期にわたる知識獲得を経て事業コンセプトに結晶していく過程であったといえる。すなわち，旭川市立木工芸指導所で初代所長・松倉定雄氏と出会い，松倉氏から家具職人による創造とデザインの重要性を説く指導を受け，松倉氏の自宅蔵書を読み漁り，松倉氏の勧めで通産省産業工芸試験所デザイン科伝習生として東京で修業をし，試験所内にあった北欧家具のコレクションに直接接し，北欧での家具製造修業を強く願望するようになる。そして，旭川市の「海外派遣技術研修候補生」制度に応募し，ドイツの家具メーカー，キゾ社での3年間の技術研修を通じて長原氏の基本的な事業コンセプトはようやく形成を終えた（木村，2004；川嶋，2002）。

　これはあたかも子供が信頼する話し手（たとえば，親）が，子供がよくは理解できない物事（たとえば，祖父の死）を話して聞かされ，発達した死の概念を持たないために欠陥のある表象しか形成できないが，メタレベルで表象し，死の事実を受け容れることで，その後の死の概念の発達が促される状況に酷似している（Sperber, 2000, 邦訳121-122頁参照）。

　また海外研修は，独自の文化的表象がすでに定着しており，それが引き起こす行動やその痕跡が人間集団の共有する環境に備わっている異国の地で，そこの社会集団によって共有された信念，欲求，意図といった心的表象に感染し，木工家具の製作を通じて公共的表象を創り出し，自らの心的表象に周りを感染させるという表象の因果連鎖に加わることで，「家具職人による創造とデザイン」の事業概念に経験的な妥当性と整合性を持たせるに至った出来事であったといえよう。

　さらに，海外研修を終えて帰国後は，長原氏がストーリーテラーとなって公共的表象を創作しながら出資者を初め，多くの「同士」すなわち長原氏の心的表象（事業コンセプトに関する信念や意図）の共有者を「表象の感染」を通じて拡げていった過程であると言える。

（小松陽一）

◉注

1　本章における「事業」とは，①組織体などの行為主体（事業体）が，②自らを取り巻く事業環境に向けて，③何らかのプロダクト（products）ないしアウトプットを提供し，④それに対する事業環境からの何らかの価値評価（valuation）を受けて，⑤適応的に変化することに関わる，⑥一連の，一般に，持続的な関係と諸活動から成る，⑦社会的な価値創造や価値維持のプロセスの総体，のことである（小松・高井，2009，14-17頁参照）。
2　事業変革と事業転換の概念考察と事例研究については，小松・高井（2009）第10章を参照されたい。
3　政治学における古典的な例としては，Allison（1971）がある。経営学における最近の例としては，島本（2014）がある。
4　「言語論的転回」の立場からは，事業経営の当事者と同様，事業経営の研究者もまたストーリーテラーであり，ストーリー・ワーカーであるということになるが，ストーリーの産出にあたってそのプロセスを制御する判断基準や決定基準，産出されたストーリーの特性には自ずから差異があるだろう。ラフな類型化を施せば，それはストーリーの有効性とストーリーの真実性の差異ではないかと筆者は考えている。すなわち，事業経営者のストーリーテリングは基本的に，ストーリーの有効性に軸足を置いて行われる。これに対し，事業経営の研究者のそれは真実性の基準に沿って行われると筆者は考える。この点を強調するならば，事業経営の研究者が行っていることは，セオリー・ワーク（theory-work）とでも名づけられるであろう。
5　たとえば，競争戦略における有効なストーリーの条件に関しては，楠木（2019）を参照。
6　Fodor and Lepore（1992）によれば，全体論的性質と非原子論的性質を同義ととらえ，孤立的性質，原子論的性質に対比させている。全体論的性質とは，「もし何かがそれを持つなら他の多くのものもまたそれを持たなければならない，というような性質」（邦訳3頁）のことを意味する。
7　吟味されたのは，解釈的一般化（interpretive generalization），構造主義者の説明（structualist explanation），機能主義者の説明（functionalist explanation），疫学的モデル（epidemiological models）の4つの説明である。

第4章

老舗企業の実践的継続性と表象

1 はじめに

　本章の目的は，老舗企業が事業体として実践的に継続し長期存続に至るメカニズムの解明にある。特に本章では，老舗企業における実践的継続性と表象の関係に注目し分析を行っていく。

　老舗企業とは，大きな時代の変化を乗り越え長寿の歴史を歩んできた事業体である。老舗企業は，事業の実践的な継続性を担保し続けるために，創業家支配や伝統資源の保有といった保守性を貫くことで，一方，時には大きな戦略転換など革新を達成することで長期存続の実績を築いてきたといえる（宮本，1981；加藤，2011，2014）。本章では，老舗企業を単に長寿の歴史を有する企業としてとらえるのではなく，時代変化や社会構造の変化を乗り越え事業を継続的に維持するための実践的な経営活動，つまり老舗企業における実践的継続性に注目し分析・考察していくことにする。特に本章では，老舗企業の保守と革新といった一見，相反する行動をとらえるうえで，本書のテーマであることばを中心とした表象を経営活動にどう活かし実践的継続性を担保していくのかその点に注目していく。

　後述するように，従来，老舗企業を分析対象としてきた研究群は，老舗企業の伝統的な暖簾や家訓，屋号，伝統的商品，創業者一族などの表象に注目し，そこに長期存続の実績の原因を求めてきた。たしかに，一般に老舗企業

をイメージする場合，このような伝統資源の保有は象徴的である。しかし，現在を生きる老舗企業の実践的継続性を考える場合，伝統的な表象の保有の議論だけでいいのだろうか。本章では，老舗企業における伝統的な表象がどのように経営の実践に活用され，また新たな表象がどう創られるのか，さらにそこから生成する意味や価値の変化はどのようなものだろうか，そのような観点から老舗企業の実践的継続性の本質を明らかにしたい。

　事例分析の対象となるのは，創業から200年以上経過する「ミツカングループ」（以下，ミツカン）である。そこでは，ミツカンの戦後の経営活動にフォーカスを絞り，経営理念や企業ドメインといった言葉としての表象と実践的継続性の関係のメカニズムを分析していく。ここでは特に，戦後の2人のファミリー企業家，7代又左エ門と8代又左エ門和英の事業継承と戦略創造のダイナミックなプロセス，つまり，ファミリー企業家による企業家活動（加藤，2014）に注目していく。

　まずは，次節で，従来の老舗企業研究の批判的レビューから，老舗企業の表象に注目する分析視角を検討する。そのうえで，ミツカングループの事例分析を行った後，考察を加え本章の結論を述べることにする。

2　老舗企業の実践的継続性と表象にまつわる分析視角の検討

(1) 老舗企業研究の展開

　これまでの老舗企業研究の多くは，老舗の表象にまつわる分析をしてきたものが多かった。ここで表象とは，いったん「象徴。シンボル。また，象徴的に表すこと」という『大辞泉』（電子辞書版）の定義を想定しているが，従来の老舗企業研究は，保有する家訓，店則，暖簾，屋号，伝統製品，創業者一族など，老舗にまつわる象徴的な諸側面に分析の焦点を当ててきた（加藤，2008）。

　たとえば，我が国の老舗企業研究の端緒となった京都府編（1970）『老舗

と家訓』では，京都府開庁100周年を記念して，京都府下の100年以上存続する老舗企業に伝わる家訓をはじめとした史料の分析を行っている。つまり，老舗企業に言葉として伝わる家訓を分析した本格的研究である。

その後，足立（1974）は，経営史分野において，老舗企業の家訓を中心とした研究を推し進めていった。足立の研究は，京都の商人形成の史的展開を詳細に論じ，そのうえで家訓，店則の分析，加えて，相続制度，別家制度，奉公人制度，株仲間制度など老舗に伝わる象徴的な諸側面を詳細に分析し，さらに，3社の家業経営の具体的分析を行っている。足立の研究は，研究者の手による本格的な老舗企業研究の先駆けとして高く評価でき，これほど多岐にわたる研究はその後を見てもないものといえる。

さらに，1990年代以降，経営学分野において老舗企業研究が活発化した（e.g. 神田・岩崎，1996；横澤編，2000，2012，関西国際大学地域研究所，2004）。この背景として考えられることは，企業の独自の内部資源が持続的な競争優位性につながるとしたRBV（resource-based view）や世界的に注目されたCollins and Porras（1994）の「ビジョナリー・カンパニー」やde Gues（1997）の「リビング・カンパニー」といった議論の影響を受け，老舗企業が保有する家訓，暖簾，経営理念，伝統製品，伝統技術といった象徴的内部資源が長期存続の実績に結びつくとした分析がなされていった点にある（加藤，2008）。ただし，これらの研究群は，老舗企業が事業体として長期存続の実績を築き上げるまでのプロセスそのものは分析せず，現状分析と平均的姿を明らかにするものであった（図表4－1）。

加藤（2008）は，このような従来の老舗企業研究の問題点として，①老舗企業のシンボリックな諸側面と長期存続の実績を法則定立的に分析していること，②長期存続のプロセスそのもののメカニズムは解明されていないこと，③内部資源分析に終始し，老舗企業を取り巻く環境変化や競争関係等のコンテクストは踏まえられていないことの3点を指摘している。

本章の問題意識に即して論じれば，従来の老舗企業研究は，分析対象となる老舗における伝統的な表象の機能的役割と長期存続の実績を短絡的に結び

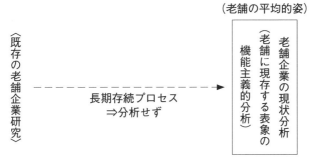

図表4－1■従来の老舗企業研究のアプローチ

（出所） 加藤（2008）。38頁の図1をもとに筆者作成。

つけて論じたに過ぎない。付け加えるならば，老舗企業の長期存続の実績の評価を現在まで保有する伝統資源に求めたに過ぎず，長期存続に至るまでの実践的継続性の解明の視点が欠落しているといえる。

　たしかに，老舗企業は，事業体として実践的継続性を担保するために，保守性を重んじて伝統資源を保有し続けている側面がある。たとえば，我が国経営史の大家である宮本又次は，老舗企業に関して「『しにせ』，老舗は『為以せの儀』で，父祖伝来の業を守り，継ぎゆくことである。それには元来むしろ守成の意味があり，数代つぎ来った家業ということになる」（宮本，1981，4頁）と述べている。この主張からもわかるとおり，老舗企業が事業体として実践的継続性を担保するためには，「守成」[1]を貫くことが極めて重要となっている。

　ただし宮本（1981）は，つづく議論の中で「…多くの老舗が明治以後，有効に商売がえをなし，他に手をのばし，はなばなしい転換をやってのけている。みな古いのれんに新しいいぶきを吹き込んでいったものといえる」（6頁）とも述べている。この宮本の指摘からわかることは，老舗企業が事業体として実践的継続性を担保するメカニズムを分析するためには，保守と革新といった一見矛盾する行動の関係性にフォーカスを当てなければならないということである。特に老舗企業が実践的継続性を担保するためには，保有資

源やステークホルダーを組み替えると同時に企業文化やプロセスといった目に見えない潜在的な特性も含めて一体化した戦略パターン[2]を転換していかなくてはならない（加藤，2009，2011）。つまり，保守的な側面だけではなく，将来にわたって経営活動を担保するための戦略創造こそ老舗企業の実践的継続性を考えるうえでは重要な視点となりうる。その際，本章では，老舗企業が戦略転換を遂げながら時代を乗り越えてくるまでに，襲名といった保守的な表象や経営理念や企業ドメインといった戦略創造にまつわる表象をどう活かし実践的継続性を担保しているのかという点に焦点を当てていくことにする。

(2) 老舗企業の実践的継続性と表象の活用に関する分析視角

では，事例分析に入る前に，老舗企業の実践的継続性を担保するための表象の活用メカニズムの分析視角に関して議論を加えておく。

前項で確認したように，従来の老舗企業研究は，老舗企業が保有する伝統的な表象に注目するあまり，時代変化とともに新たに創り出される表象には注目してこなかった。しかし，本章で明らかにしたいのは，現在を生きる老舗企業において，過去－現在－将来という歴史としての時間の流れを追うなかで，保守と革新をどう組み合わせてきたのか，その際，表象をどう活用してきたのか，経時的分析によって明らかにすることである。

そこで本章では，伝統的な表象や新たに創り出される表象を活用する担い手として代々継承されてきた企業家による企業家活動（加藤，2014）に注目する。なぜならば，先述したように，多くの老舗企業は守成といった保守性と同時に革新性を併せ持たなければ実践的継続性を担保できないため，その担い手になる革新の遂行者である企業家（米倉，1998）による企業家活動に注目しなければならないからである。本章では，企業家活動に注目することによって，保守性と革新性の両者を活かす老舗企業の実践的継続性を担保するメカニズムを明らかにしていく。

革新の遂行者としての企業家を企業の成長の観点から論じた Penrose

(1995) は，企業を生産資源の集合体としてとらえ，そこから企業を成長させるための事業機会を見出す役割を担うのが企業家であるという。特にPenroseが強調したのは，企業において企業家が企業を成長に導くために提供する製品，立地，技術上の重要な変化などに関する新しいアイデアの導入や企業の管理組織の根本的な改編などの企業家サービス（用役）の重要性である。この観点から表象を活用する老舗企業の企業家活動に注目すると，老舗企業の保守的な側面である創業家によるファミリー企業家がどのように表象を活かしながら，新たな事業機会を見出すために戦略創造を行っていくのかそのプロセスが重要となる。

　したがって，老舗企業において代々積み重ねられてきた伝統の中で，戦略パターンの転換を促すためには，過去－現在－将来という長期存続の歴史のなかで，現在を生きる老舗企業の企業家によって過去を解釈し将来に向けた新たな事業機会を見出していく必要がある。特に老舗企業の企業家は，事業体を実践的に継続させるために，老舗の伝統的な表象を活用するなかで意味や価値を変化させ再構成することで，新たな事業機会を見出していかなくてはならない。

　組織における伝統に関してWeick（1995）は，伝統とは実践に埋め込まれシンボルになったときに持続し伝達されるが，型を守るためには型を破り再構成されるものと主張する。つまり，老舗企業の保守性や伝統的な表象といったものは，構造的制約を与えうるものではあるが，それと同時に，後世にその伝統をつなぎ再び構造化しなければ，実践的継続性は担保できない。その担い手が老舗企業の企業家である。

　本章では，先述したように本書のテーマに即して襲名や経営理念，企業ドメインといった言葉としての表象に注目しミツカンの事例分析を行っていく。特に注目する点は，保守的な側面や伝統的な表象としての襲名，経営活動の実践の基本となる経営理念，さらには，実践的継続性を担保するために将来に向けた戦略創造に関する企業ドメインである。次節では，戦後のミツカンをリードしてきた2人のファミリー企業家による襲名，経営理念，企業ドメ

インといった言葉としての表象の再構成や活用に関する企業家活動を見ていくことにする。

3 事例―ミツカングループ[3]

(1) ミツカングループの歴史

ミツカンの創業は，中野半左衛門家から初代又左衛門が分家独立し酒粕酢の製造を開始したことに始まる。ミツカンの歴史は，「変革と挑戦の歴史」（ミツカングループ創業200周年記念誌編纂委員会，2004）と語られるほど，代々，食酢の製造を中心として多角的に事業展開してきた。**図表4－2**は，ミツカンの歴代当主と主な出来事をまとめた年表である。

現在のミツカングループ代表で8代当主の又左エ門和英は，ミツカンの歴史を振り返り「変革と挑戦の歴史」は「創出と改廃の歴史」であるともいう。

「絶えざる事業の創出と改廃の上に今日があります。時代に合わせて創出したもののほうが改廃したものより僅かに大きかったからこそ，ミツカングループは今日このように生き残っているのです」[4]

このようにミツカンの歴史は，代々の当主によって食酢事業を中心としつつ多様な事業の改廃が繰り返し行われてきた。

初代から3代にかけての江戸期は，酒造などを行っていた本家である中野半左衛門家を中心に中野半六家と親戚関係にある盛田久左衛門家とともに一族を形成するなかで，又左衛門家は酢屋として事業を固め急成長していった[5]。明治期に入ると，又左衛門家は，酢造業の順調な成長により創業の地・半田最大の富豪にまでなった。明治初期に事業に関与し始めた4代は，易学を好み戸籍法の整備に伴って「中野」の字を「中埜」と定め，また，現在でも親しまれている商標の「ミツカン（三ツ環）」が定められたのもこの時期

図表4－2■ミツカンの歴代当主と主な出来事

当主と創業・継承年	主な出来事
初代又左衛門（1804年）	・半左衛門家からの分家と酒粕酢の製造の開始 ・江戸向けの酢の出荷を始める ・酢倉（現半田第1工場）を創設し酢造りを本格化
2代又左衛門（1816年）	・酢造場まで水道を敷設 ・三河を中心に地商いを拡大
3代又左衛門（1836年）	・東倉（現半田第2工場）を新設 ・酢造業への集中 ・江戸の特約店制度の開始
4代又左衛門（1863年）	・牛乳事業に参入（後に撤退） ・ミツカンマークの商標出願 ・ビールの販売開始（後に撤退）
5代又左衛門（1898年）	・合名会社中埜銀行を設立（後に撤退） ・半田工場で初めて米酢を製造
6代又左衛門（1919年）	・半田工場に初の瓶詰機を設置 ・栃木工場開設
7代又左エ門（1952年）	・本社第2工場の瓶詰ラインを刷新 ・東京工場完成 ・「味ぽん」が正式に商標登録 ・米食酢大手を買収し海外進出 ・朝日食品に資本参加し納豆事業に本格参入
8代又左エ門和英（2002年）	・米社から料理酒部門を買収 ・栃木工場を大幅拡張

（出所）『日本経済新聞』「老舗の研究 ミツカン④」2009年2月3日付朝刊およびミツカングループ創業200周年記念誌編纂委員会（2004）をもとに筆者作成。

だった[6]。

4代から第2次大戦期までの6代の時代，又左衛門家は，搾乳，ビール，製粉，倉庫，銀行，紡績など数々の事業を展開する中埜財閥の中核的な役割を担っていく。すなわち，地方財閥化していったのである[7]。ただし，中埜財閥自体は，巨大な先発中央資本や中京地区の有力資本との競争に敗れ財閥としての機能を失っていったが，又左衛門家の酢造業のみは絶大な資本力の

もと，東海道筋や関西をはじめとする全国区への進出，株式会社化など，躍進の時代でもあった。

さて，ミツカンにとって「第2の創業」といわれるのが，7代が経営の舵取りを始めた戦後のことである。7代は，戦後の荒廃から食酢以外の事業への多角化と海外進出を推し進め，ミツカンを総合食品企業へと急成長させていった。また，「第3の創業」といわれるのが，現在の8代の時代である。8代は，新たに「Mizkan」[8]というブランドを構築してミツカングループらしさを基調として多角化と国際化の推進を図っている。次項以降，この7代と8代に注目する。

(2) オーナー経営としてのミツカン

ミツカンは，株式会社化後も又左衛門家のオーナー経営が貫かれたファミリービジネスである。食酢のトップメーカーでありさまざまな食品事業を多角的に展開するグローバル企業のミツカンであるが，株式非公開のオーナー経営は，今後も揺るぎない。オーナー経営と経営者としての考えについて7代は次のように述べている。

　　（株式非公開は）憲法です。私はいろいろ大きな会社の経営をつぶさに見てきました。結局，大企業の社長さんはやりたいことができない。肝心の社長業は半分くらいで，株主対策に時間とエネルギーの半分はとられている。…（中略）…経営者の決断というものを即実行に移せてこそ，経営じゃないですか。私どもがアメリカに出る，という当時としては大変な冒険だったわけですが，これを株主総会でどうだ，こうだ，やってたら，その当時の環境としてはとてもやれなかったと思います[9]。

7代にとって株式非公開は絶対のものであって，さらに自らの戦略を実行するための意思決定には不可欠なものと考えている。8代も次のように語っている。

株価を上げるために短期的な成果を優先しなくてもよい「非公開オーナー経営」には，4つのメリットがあると思っています。1つは，長期的な会社の成長という視点で投資を考えることができるということ。2つ目は判断を先送りせず，時々にきちんと処理できること。3つ目は迅速な意思決定ができ，それによって商機を得やすいということ。4つ目は投資家を中心とした短期的な利害の影響を受けず，経営理念がぶれないということです。これによってミツカングループがより長期的，安定的に，ミツカンらしい持続的な成長を果たしていると考えています[10]。

このように，7代は，株式非公開のオーナー経営がこれまでのミツカンの長期的で安定した成長を促してきたと考えている。さらに，「オーナー経営を貫きたい，これも非上場の理由の1つです」[11]とも語っており，今後も，オーナー経営の維持がミツカンのガバナンス構造の基盤となっているといえる。

(3) ミツカンにおける当主の継承と企業家の形成

ミツカンは，代々の当主が「又左衛門」の名を襲名するのがしきたりである。又左衛門家の後継は初代から5代まで「養子」であった[12]。養子でない初めての嫡子となったのは5代の二男幸造である。また，のちに7代となるのは，6代の長男政一である。

第2の創業といわれる戦後のミツカンを成長させた7代は，襲名に関して次のように述べている。

私の経験からいって，襲名という儀式も，今の大きな家に住むことも中埜酢店の経営にとって必要なものだね。人間の意志なんて弱いもんだから，やはり重しがないと，フワフワしてしまうからだ[13]。

7代は，ミツカンの経営にとって襲名は必要不可欠のものと認識していた。

襲名によって初めてミツカンの経営を担うという意識が醸成されていたともいえる。しかしながら7代は，代々の当主と同じように単に襲名したのではない。襲名自体にも抵抗感があったようだ。

　　襲名しろ，と親に言われ，抵抗したわけです。どうしても，というので，条件を出した。"衛"は，まもる，つまり守成ということで私の性格には合わんから，創意工夫の"エ"にしてくれ，と主張したんです。聞いてくれなければ，襲名は断る，と意地を張りましてね。それで，私が初めて又左エ門ということになりました[14]。

　このように，7代は襲名に対して当初抵抗感があり，「衛」の字を「エ」の字に変えて襲名した。このことは，自分の方針，ここでは単純に守成ではなく経営に工夫を加えていくという意思表明となっている。後で述べる通り，襲名披露に際して，7代は「買う身になって　まごころこめて　よい品を」という重要な経営理念を表明している[15]。
　また7代は，のちに8代となる長男和英の襲名に対して次のように述べている。

　　長男には又左エ門を襲名させる。手カセ，足カセを沢山つけて"奴隷"のように重荷をしょわせて働かせてやるんだ。私もやられたんだから，仕返ししなくちゃ[16]。

　7代は，後継者に襲名させることが，ミツカンの経営にとって極めて重要と考えていた。ファミリービジネスとして長男に当主を継がせ，名前も襲名させることは7代の方針だったのである。しかし，8代も単純に後継者となり襲名したわけではない。8代は次のように述べている。

　　襲名について考え始めたのは，実は，先代が逝去してからです。先代が

逝去したから襲名するのではなく，自分にとって，あるいは，会社にとって大きな節目だから襲名するということにしたいと考えるようになりました。それが創業200周年という今年であり，母なる会社である「中埜酢店」の80回目の設立記念日である6月24日ということです。…（中略）…先祖代々の又左エ門という名を名乗るということ，自分らしさを発揮するということ，どうにか両立させたいと考え，襲名についてはいろいろ悩みました…（中略）…自分も個性を発揮したいと考え，新しいグループビジョンも会社として個性を出したいと考えているならば，自分が襲名をして，会社として個性を実現するリーダー，すなわち歩くビジョンになればよいと考えるようになりました[17]。

　私は自分らしさを残そうかと，『中埜又左エ門和英』というちょっと長い名前にしました。このとき，一層強く自らの責任を感じました。社員に対する責任，家族・兄弟・親族に対する責任，そして社会に対する責任です[18]。

　このように，8代も襲名に抵抗というほどではないにせよ，襲名という出来事を契機に今後のミツカンにつながるような行動をしていた。つまり，200年もの長きにわたって存続してきたファミリービジネスとして，自身の襲名は，これから当主としての自分の意志を表明するための出来事になっていたといえる。また，8代は，個性の発揮の意味をこめて，又左エ門という名前にそれまでの自身の和英という名前を加えて襲名した。

(4)　7代又左エ門による経営理念の表明とドメインの定義

　今のミツカンには「永遠に守るべき2つの原点」といわれる経営理念[19]がある。1つは，先述した1960年に行われた7代の襲名披露の際に表明した「買う身になって　まごころこめて　よい品を」である。この経営理念は，「相手の立場に立って考えること」を社員に求めたものであり，1962年の年

頭の挨拶で「働く身」「経営者の身」の2つの"身"を加えて「三身活動」と名づけられる[20]。この経営理念の表明に関して，7代は創業180周年記念式典挨拶で次のように発言している。

　私は，この機会に初代又左衛門が江戸時代すでにニーズにあった安くて良い酢を開発して以来，中埜家の伝統の消費者尊重の精神をさらにわかりやすく，かつ具体的に全社員に徹底をはかるために，「買う身になって　まごころこめて　よい品を」と，いう言葉を考え出し，以後ミツカンのモットーとし，また，経営理念・哲学とすると発表いたしました[21]。

　2つ目の経営理念は，「脚下照顧に基づく現状否認の実行」である。この理念は，1974年の年頭の挨拶で提唱した「脚下照顧」に，1983年の年頭の挨拶で「現状否認」を加えて提唱された[22]。7代が初代又左衛門から代々のご先祖様ならびに累代の従業員の皆様のおかげで中埜家の家業が大きく成長したことを振り返り，「企業は現状に満足せず，永遠に伸び続けるべき」という経営信念[23]に基づいて打ち出されたものである。この経営理念は，上の経営理念と合わせてミツカンの「変革と挑戦の連続」といわれる歴史の中で変えてはいけない価値観として表明されたものでもある[24]。
　ここで重要なのが，ミツカンにとって第2の創業といわれるほど新たな戦略創造につながった「脚下照顧に基づく現状否認の実行」という理念である。7代は，それまでの酢事業の拡大の一方で，1982年には，酢の需要拡大をはかりながら，同時に酢を超えた製品の開発を積極的に行い，酢と酢以外の製品のバランスを50対50以上にしようという「超酢作戦」という企業ドメインを定義した[25]。7代は，「超酢作戦」に関して次のように語る。

　私のところでは歴代の当主がそれぞれ創業者なんですよ。3代も4代も5代も6代も，みんな前の当主がやったこと以外のことをやる。私も親の真似はしないぞ，と。それでお酢以外の製品をどんどん開発しお酢を超え

てしまえ,という気持ち[26]。

どこまでいっても酢は自分の独創的なものではない。どこかの時点で,お酢屋さんでなくしてやろうと思っていた[27]。

「超酢作戦」という企業ドメインは,1988年には国内部門の目標売上高1,000億円のうち,成長性に富む開発品の比重を7割にするという「1000＆73(ななさん)計画」という事業計画として具現化していく。その成果は,ぽん酢,ふりかけ,みりん,つゆ,たれ,お寿司の素,納豆などの事業として多角化を推し進めることとなり,総合食品企業に成長していった。

(5) 8代又左エ門和英による経営理念の再解釈とドメインの再定義

8代は,上記の2つの経営理念に関して次のように主張している。

これは二つともどのようにやるかを表したものであり,何をやるかを表したものではありません。何をやるのか,あるいは,止めるのか,ということは,時代や環境変化に合わせて,それぞれの又左エ門が意思決定をしてきました[28]。

この主張は,7代が打ち出した2つの経営理念に関して,8代による再解釈といえる。つまり8代は,再解釈を通じて2つの経営理念を,絶えず変化し続ける環境に対応するために代々の当主にとっての経営方針の指針となるものと考えているといえる。さらに8代は,この2つの経営理念を合わせて自らの言葉として「限りない品質向上による業績向上」[29]と表現している。そのうえで,8代は,2つの理念をもとに自らも新たな価値創造を行っている。

私どもは「買う身になって　真心こめて　よい品を」と「脚下照顧に基

づく現状否認の実行」という二つの企業理念をもっています。この理念は不変のものですが，これからの時代もっと個性を出していく必要があります。いうなればミツカングループらしさを追求すること，選択と集中によって強みを尖らせていくことです。そして検討を重ねた結果「やがて，いのちに変わるもの。」というビジョンスローガンを打ち出しました[30]。

この「やがて，いのちに変わるもの。」というスローガンは，今では「シンボル・スローガン」と呼んでいる。このスローガンが出てきた背景には，200周年事業の一環としてミツカンにとってコアとなる強みが何かを見つめ直したことにある[31]。そこでは，コアにある発酵・醸造の技術とこれまでに築き上げてきた健康的なブランドイメージが強みの両輪になっていると結論づけられた。このシンボル・スローガンには，「健康」をキーワードにした食品で成長しようとする「ミツカングループがお客様へ提供していく価値の宣言」[32]であるという。つまり8代は，7代が打ち出した2つの経営理念に対し現状を踏まえて再解釈し新たなスローガンを掲げることによって企業ドメインを再定義していったのである。現在，このシンボル・スローガンを基軸にした事業展開に関して，8代は「第3の創業」と位置づけ，「既存事業の再構築」，「多角化の推進」，「国際化の推進」を事業戦略の3本柱として推し進めている[33]。

4 結　語

(1) ミツカングループにおける表象の活用—襲名・経営理念

老舗企業であるミツカンの7代と8代の企業家活動の際立った特徴は，ファミリービジネスにおける保守的なガバナンス構造が，新たなファミリー企業家を生んでいたという点である。ミツカンでは，代々，当主となるものが又左衛門の名を襲名するのがしきたりであった。つまり，一見するとミツ

カンにおいては，守成のためにも，ないしは創業家支配という保守的なガバナンス構造を維持するための一貫として代々の当主は又左衛門という名を襲名していた。

ただし，この7代と8代の襲名において重要な点は，単に保守的にファミリーメンバーから当主を継承しガバナンスを安定化させていくというものではなく，襲名という出来事を通じて，1人の継承者が自分の代における経営方針を見出していたことである。面白いことに，両者は，これからの経営において自身の個性を発揮する意味をこめて，襲名する名前を，7代は又左衛門から又左エ門に，8代は又左エ門から又左エ門和英とアレンジもしていた。

この点に関して特に注目できるのは，7代，8代はそれぞれ襲名という出来事を通じて，自身の代における事業展開の意思表明とリンクさせていたことである。7代は，のちにミツカンにとって最も重要と位置づけられる経営理念のうちの1つ「買う身になって　まごころこめて　よい品を」の表明とともに襲名が披露されていた。また8代は，200周年という節目に襲名していた。つまり，両者とも先代の逝去と同時に襲名するといった創業家としての守成の論理だけではなく，ファミリービジネスの経営実践の論理にも立ったうえで襲名を行っていた。要するに，襲名と同時に経営の実践に活かすための経営理念の表明をリンクさせていた。

換言するとミツカンの7代，8代は，襲名という出来事は，守成の論理ではなく，自身の代における時代や環境の変化に対応するようなビジネスとしての論理に基づいて行動していたといえる。このことは，本書が注目する言葉としての表象に関して，襲名における名前のアレンジ，襲名披露や経営の大きな節目に際した経営理念の表明，また時代変化に応じて再解釈を加えた新たな経営理念の表明といった出来事が見られた。それは，ファミリー企業家による老舗としての実践的継続性を維持するための守成と革新の両方を併せ持った企業家活動としてとらえることができる。

(2) 老舗企業の実践的継続性と過去と未来のマネジメント

それでは，ミツカンの7代と8代の企業家活動における表象と実践的継続性の関係性についてさらに考察を加えていこう。

まず，7代又左エ門が表明した「買う身になって　まごころこめて　よい品を」という経営理念の表明は，7代自身が初代からのミツカンの歴史を回顧的に振り返り，中埜家の伝統である消費者尊重の精神をまとめ上げて表現した表象である。同じく，その後に表明された「脚下照顧に基づく現状否認の実行」という経営理念も，ミツカンの「変革と挑戦の連続」という歴史を回顧的に振り返り7代が経営信念を表明したものであった。

さらに7代は，自身が表明した経営理念に基づき，将来を方向づけるための戦略創造として企業ドメインが定義されていた。7代が打ち出した「超酢作戦」という企業ドメインは，自身の代において将来のミツカンの方向性を定めるために定義したものである。

一方，8代又左エ門和英は，7代が表明した2つの経営理念の意味や意義を顧みて再解釈を行うなかで2つをまとめ「限りない品質向上による業績向上」という言葉として表現し直している。8代も超酢作戦によって総合食品メーカーへと成長した戦後のミツカンを回顧的に振り返り，2つの経営理念の自身の代における意味づけを明確化して新たな言葉として表明したといえる。

そのうえで，8代も「やがて，いのちに変わるもの。」という新たな企業ドメインを表明していた。これは，200周年を迎えたミツカンが，選択と集中のなかで第3創業と位置づけ健康を軸とした食品で成長するため今後のミツカンがお客様に提供していく価値の宣言としての意思表明である。

以上の7代と8代による経営理念と企業ドメインの表明からわかることは，7代も8代も老舗企業の企業家として，過去と未来をブリッジするマネジメントを行うために言葉としての表象を活用していたことである。この点をまとめると次のようになる。

イ）過去の経営活動を回顧的に振り返り再解釈し，自身の代の時代にあった経営理念として表明する。
ロ）その経営理念は，今を生きる老舗企業として経営活動を意味づける。
ハ）さらに，将来の活動領域を企業ドメインを定義することで方向づける。

そもそも，歴史とは，過去を現在から回顧的に想起し解釈学的に再構成され物語ることによって確立されるものである（野家，2005）。この観点からいえることは，ミツカンのような長い歴史を有する老舗企業において，ファミリービジネスという保守的なガバナンス構造や襲名というしきたりなどが守成の論理として貫かれる一方，当主であるファミリー企業家があらゆる経営資源を再構成するなかで，今の経営活動に対して意義ある意味づけを行うために経営理念という表象を表明していた。さらにいえば，長期存続の実績があり伝統的な歴史を今に生かすために経営理念という表象が活用されていたともいえる。

さらに，経営理念の表明だけが老舗企業におけるファミリー企業家の企業家活動ではない。企業が存続し続けるためには将来に目を向けた戦略創造をしなければならない（加藤，2010，2014）。そのためにミツカンでは，経営理念を基本とし，将来に向けて長期的に継続しうる戦略パターンの形成に向けた企業ドメインを定義していた。つまり，7代による「超酢作戦」や8代による「やがて，いのちに変わるもの。」といった企業ドメインは，経営理念がもたらす意味や価値を踏襲しながら未来に向けたミツカンの方向性を示すものであった[34]。このことは，過去を回顧的に表し老舗としての現在の活動を意味づけるための経営理念と未来の方向性を意味づける企業ドメインという2つの言葉としての表象を表明することによって過去と未来の経営活動を老舗企業として意義あるものとしてブリッジさせていた。この過去と未来をブリッジするマネジメントこそ長期的に実践的継続性を担保するための老舗企業における企業家活動にほかならない。**図表4－3**は，ミツカンの過去

図表4-3 ミツカン7代と8代の当主による過去と未来のマネジメント

	7代 又左エ門	8代 又左エ門和英
過 去 （経営理念）	「買う身になって まごころこめて よい品を」 「脚下照顧に基づく現状否認 の実行」	「限りない品質向上による 業績向上」
未 来 （企業ドメイン）	「超酢作戦」	「やがて，いのちに変わるもの。」
トリガーに なった出来事	● 襲名披露 ● 180周年記念式典	● 創業200周年「中埜酢店」80回 目の設立記念日

と未来のマネジメント[35]をまとめたものである。

　ことばによる表象と組織論という本書のテーマに即して加えれば，老舗企業として現在の活動を支え過去と未来をつなぐために経営理念や企業ドメインといった表象を活用していたことは，保守と革新を一体化させる老舗企業ならではの企業家活動といえる。この観点からすれば，従来の老舗企業に対する見方であった老舗としての伝統的表象の保有だけでは実践的継続性のメカニズムはわからない。老舗企業の実践的継続は，歴史の俯瞰図のような単なる時系列で捉えられるものではなく，絶え間なく歴史を積み重ねていき将来へつなぐことである。大切なことは，老舗企業が事業体として実践的継続性を担保するためには過去－現在－未来の連鎖を生み出す企業家活動が必要なことである。

　さらにいえることは，老舗企業が生成する言葉としての表象に着眼点を置いたことで，個々の老舗企業が意味や価値を言葉として生成し独自性を発揮しながら実践的継続性を担保していくメカニズムが明らかとなったことである。本章は，ミツカンの単一事例の分析ではあるが，従来研究のような伝統資源（表象）という一括りの見方からのアプローチから脱却し，個々の老舗企業の独自性と実践的継続性の関係を企業家活動の視点から提起できた[36]。

　老舗企業における企業家は，保守性という基盤によって立ちながらも，過

去と未来のブリッジすることに革新性を見出しかつ独自性を発揮しながら事業体としての実践的継続性を担保していく担い手である。老舗企業の企業家活動とは「保守の中の革新」（加藤，2014）の連続にある。

（加藤敬太）

●注
1 「創業の後をうけて，その成立した事業をかため守ること」（『広辞苑（第六版）』2008，p.1343）
2 ここでいう戦略パターンとは，いわゆるコンフィギュレーション（e.g. Miller, 1986, 1996；Mintzberg, Ahlstrand and Lampel, 2009）といわれるものである。加藤（2010）では，老舗企業の長期存続のメカニズムは，非連続的変革といえる戦略パターンの転換が重要であり，そのためには，社会構造に埋め込まれた現状と存続すると予想される将来とを結びつけて，存続確保の戦略行動自体が存続するために有効か否かという「存続有効性（continual effectiveness）」を確保しなければならないと主張している。
3 ミツカングループのケースは，加藤（2014）のケース部分に加筆・修正をしたものである。
4 「200年の事業継承は創出と改廃の繰り返し―ミツカングループ代表中埜又左エ門和英」『PHPビジネスレビュー』2006年3月号（第36号），p.6。
5 ミツカンの創業の地・知多半島の半田は，もともと酒どころであった。又左衛門家においても初代から3代まで酒造業（酒方）と酒粕を利用した酢造業（酢方）の両事業を担っていたが，酢造業に集中していったのは3代である。1860年代，市場において酒造業は絶頂期を迎えていたが，又左衛門家に限っては，江戸での特約店制度など酢造業の急成長と競争相手の少ない市場で発展性が見込めるという3代の判断によって，酢造業一本に集中していく。当時，酒造家から酢造家に成り下がるという意識もあったが，3代は，プライドを捨ててでも発展性のある酢造業一本に事業を絞り込んでいった（ミツカングループ創業200周年記念誌編纂委員会，2004，p.42）。
6 又左衛門の酢造業は，文化8年（1811）以来「酢屋勘次郎」と名乗り，商標は㊪であった。しかし，その商標は，名古屋に同じく粕酢の世界で1・2位のシェア争いをしていた㊪の笹田商店が存在しており，明治17年（1884）にいち早く商標条例の施行をキャッチした笹田商店に出願が遅れた又左衛門は，考えたのち（三ツ環）の商標に改めて出願した。
7 中埜財閥の形成に関しては，森川（1985），村上（1985）が詳しい。
8 ミツカン200周年（2004年）を機に，国際的に通用するミツカンブランドして，ミツカンの「ツ」を「TSU」ではなく「Z」で表す新ロゴを打ち出した。この「Z」

にはいろいろな意図を込めているが，基本的には発音がしやすいことと，主要国でネガティブな要素がないことが選ばれた理由という（『広告月報』「『戦略』を語る『コミュニケーション』を語る　ミツカングループ本社」2005年11月号（第548号），pp.24-27）。
9 「伝統と革新の中堅企業経営─　一八五年の歴史を否定して生き抜く中埜酢店」『月刊ウィークス』1989年10月号（第6巻，第1号），pp.72-73。
10 「21世紀インタビュー地域とのつながりを大切にし企業の持続的成長を目指す　ミツカングループ代表中埜又左エ門和英」『産業新潮』2011年3月号（第60巻，第3号），p.11。
11 「トップが語る株式非公開1『変革と挑戦』に上場不要」『日本経済新聞』2005年11月9日付朝刊。
12 ミツカングループ創業200周年記念誌編纂委員会（2004），p.56。
13 「シリーズ異能経営者　中埜又左エ門・中埜酢店（ミツカン酢）社長『現状否認』で老舗を優良企業に変えた─180年の伝統にひそむ非合理性に反発，合理的経営を推進」『日経ビジネス』1984年4月2日号（第372号），p.56。
14 『月刊ウィークス』1989年10月号，p.73。
15 7代の襲名披露は，1960年11月5日，名古屋市公会堂で行われた（ミツカングループ創業200周年記念誌編纂委員会，2004，p.56）。
16 『日経ビジネス』1984年4月2日号，p.57。
17 「ミツカングループ本社八代目中埜又左エ門和英社長に聞く」『中部財界』2003年10月号（第46巻，第10号），pp.8-9。
18 『PHPビジネスレビュー』2006年3月号，p.10。
19 8代は「ミツカングループの経営理念のなかで永遠に守るべき二つの原点」と述べている（『中部財界』2003年10月号，pp.9-10）。
20 ミツカングループ創業200周年記念誌編纂委員会（2004），p.93。
21 中埜酢店創業百八十周年記念誌編纂委員会（1986），p.129。
22 ミツカングループ創業200周年記念誌編纂委員会（2004），pp.97-98。
23 180周年記念式典での挨拶（中埜酢店創業百八十周年記念誌編纂委員会，1986，p.131；ミツカングループ創業200周年記念誌編纂委員会，2004，p.98）。
24 ミツカングループ会社案内2014年度版。
25 ミツカングループ創業200周年記念誌編纂委員会（2004），pp.101-106。
26 『月刊ウィークス』1989年10月号，p.72。
27 「『老舗』の挑戦『代々創業者』中埜酢店七代目の先見『ミツカン』アメリカ市場を席捲す」『プレジデント』1988年11月号（第26巻，第11号），p.253。
28 『中部財界』2003年10月号，pp.9-10。
29 『産業新潮』2011年3月号，pp.11-12。
30 「特別対談　トップが語るブランド戦略 Vol.3　学習院大学経済学部教授青木幸弘氏　ミツカングループ代表中埜又左エ門和英氏」『宣伝会議』2005年7月15日号（第673号），p.71。

31 『広告月報』2005年11月号（第548号）p.24。またこのシンボル・スローガンは，「Mizkan」というロゴとともにミツカンが出す商品に刻まれている。
32 「代表あいさつ」http://www.mizkan.co.jp/company/vision/greeting.html（2013年6月30日現在）。
33 2014年5月16日にミツカングループの人事異動が発表され，中埜又左エ門和英氏は，代表取締役会長（CEO）となり，それにともなって中埜和英に改名した。（ニュースリリース2014年5月19日付，http://www.mizkan.co.jp/company/newsrelease/2014news/140519-01.html）。
34 ちなみに「超酢作戦」は，企業ドメインの物理的定義（榊原，1992）といえ食酢以外の食品に多角化することを目指したのに対して，「やがて，いのちに変わるもの。」は，機能的定義（榊原，1992）として健康によい食品という含みのなかで活動しようとするものであるといえる。
35 「過去と未来のマネジメント」というコンセプトは，沼上（1986）のものである。沼上は，新事業の開発プロセスにおいて，レトロスペクティブに過去を想起し，プロスペクティブに未来を構想する事業コンセプトの創造プロセスの中で，事業構想活動の空間的次元と時間的次元の関係性を論じている。
36 ただし，老舗企業の実践的継続性は，本章で注目してきた言葉としての表象だけで，そのメカニズムが明らかになるとはいえない。伝統的な経営資源や新たに獲得する経営資源，将来に向けた戦略創造や企業家活動との関係性のメカニズムの解明など，まだまだ研究課題はあるが，別の機会に論じたい。

第II部
イノベーションとモノ・コト・ことば

第5章

社会とことば

1 はじめに

　30数年前の1979年当時，電車やバスの中で音楽を聴いている人は多くなかった。1979年にソニーのウオークマンが発売されて以来，公的な空間で音楽を聴く人が増加し，今では珍しいことではない。20数年前の1989年当時，電車やバスの中でゲームをしている人は多くなかった。1989年に任天堂のゲームボーイが発売されて以来，公的な空間でゲームをする人が増加し，今では珍しいことではない。20年ほど前の1993年当時，携帯電話を使っている人はほとんどいなかった。当時，友人と待ち合わせをするときには，家を出てしまえば連絡を取れなくなるので，時間と場所をしっかりと決めておくのが当たり前であった。1993年にデジタル式携帯電話のサービスが開始されて以来，携帯電話を使う人は増加し，現在では誰もが携帯電話を持っている。おおよその時間と場所を決めておけば，直前に携帯電話で打ち合わせできるので，待ち合わせ場所などを詳細に決めないことが今や当たり前になっている。

　当たり前ということは日常的には強固なもののように思っているが，意外に局所的であったり，局時的であったりする。もちろん，局所的あるいは局時的な当たり前は広域化あるいは普遍化することがある。当たり前という**常**である状況は最初から**常**であったわけではなく，最初は異なものとして扱わ

れた物事（モノやコト）が異ではなくなり，**常**に含まれるようになる。もちろん**常**の中の何かが**異**へ変化し，**常**から外れる場合もあるが，**異**が**常**に含まれるようになる変化に注目すれば，それは新たなモノやコトが流行し，普及して社会が変化する姿である。これこそがイノベーションの姿ではないだろうか。

　イノベーションという見方は，シュンペーター（J.A.Schumpeter, 1934）が経済発展の駆動力として提示した新結合（①新しい財貨の生産，②新しい生産方法の導入，③新しい販路の開拓，④新しい供給源の獲得，⑤新しい組織の実現という5類型）の概念に由来すると言われている。経済学の分野では，たとえばマンスフィールド（E.Mansfield, 1968）が計量経済学の立場で，イノベーションはある発明が十分な評価を受け，また十分に利用されるに至る過程の中の重要な段階に他ならないと述べて，社会的な水準でイノベーションの概念を用いている。しかしその後，この概念は経済学だけでなく，経営学や組織論あるいは社会学などさまざまな分野で使われるようになり，その意味は多様化してきた。たとえば，経営学の立場でドラッカー（P.F.Drucker, 1985）は，「イノベーションとは，資源に対し，富を創造する新たな能力を付与するものである」と述べて，イノベーションを個別企業の活動と強く結びつけた。また，クリステンセン（C.M.Christensen, 1997）は技術の変化すべてをイノベーションと呼んでいる。

　最近はイノベーションという用語が明確に定義されることは少なく，新製品開発や技術開発と同じ意味で使用されたり，個別企業水準の変化として扱われたりすることも多い。しかし，この概念の歴史的変遷を振り返る限り，イノベーションは本質的には社会的な営みであり，社会の水準で知識を生み，広げ，活用する営みである[1]。

2 イノベーションの異と同

　知識を生み，広げ，活用することは社会的水準で知識を変化させることで

ある。では，変化とは何であろうか。極めて一般的に表現をすれば，変化はある物事がそれまでとは違う状態・性質になることである。それに対して，変化していない状態を表現する**定常**はある物事の状態・性質が常に一定していることである。変化という用語は**異**に注目し，定常という用語は**同**に注目する。イノベーションなどの変化研究では異への注目が中核となってきた。しかし，すべてが異であれば，それが変化として認知されることはない。**同**は変化を認知するための基盤であり，異そのものが認知されるための前提である。変化を研究するのであれば，異に注目するだけでなく，**同**への注目も不可欠である。

　たとえば，30年以上前に発売されたウオークマンは音楽の楽しみ方を一変させて，**どこでも自分だけで音楽を楽しめる環境**を提供した。**どこでも自分だけ**は，今でこそ当たり前のこととされているけれど，当時はそれ以前とは異なる側面であり，それこそが変化であった。他方，**音楽を楽しむ**は以前から存在していた同じ側面であり，人々が音楽を楽しむという定常性の存在を示している。当時オーディオ機器において，**設置型の機器で音楽を楽しむ**という**常**に対して，**音楽を楽しむ**を同／**携帯型**を異とする変化が現れた。**携帯型が常に組み込まれると，設置型や携帯型の機器で音楽を楽しむ**という**常**に対して，**記録媒体を異とする変化が現れた**（**図表5−1**）[2]。

　記録媒体の変化と対応して，楽曲の入手方法なども変化してきた。アナログ記録のテープの時代には，**購入したレコードの楽曲をテープに録音して**楽しんでいた。デジタル化の進行に応じて，傷に強いCDを**レンタル**する利用方法も増加し，その後，**楽曲データを購入しコピー**する利用方法が普及している[3]。もちろん，楽曲の入手方法は記録媒体だけに依存しているのではなく，デジタル化技術や通信技術の変化にも対応している。

　異の発生時における【異・同】への注目は，微視的な異への注目や巨視的な常の変化への注目と相補的な視点である。変化において導入される異は，その時点・その環境における異を際立たせるために，その時点・その環境における同の存在を前提とする。異の普及や異の衰微という**常**の変化にせよ，

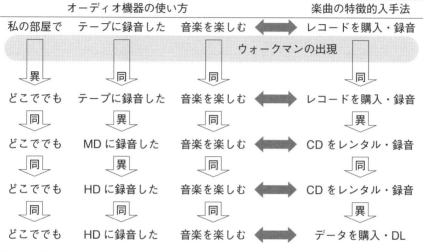

図表5－1 ■携帯型オーディオ機器をめぐる「異・同」の推移

（注）省略してあるが，HDはハードディスクだけでなくメモリーも含んでいる。DLはダウンロード。

一般的なイノベーション研究にせよ，経時的な変化に注目している。他方，ある時点において一般的には異（新しいや珍しいなど）ととらえられるモノやコトであっても，他のモノやコトあるいは以前のモノやコトと何かしら同じであるという同の側面も持っている。ここで注目する【異・同】は，一般的に異ととらえられるモノやコトにも異と同の両側面が包括的に存在しているという共時的な性質である。

　先に述べたように，知識を生み，広げ，活用する営みとしてイノベーションをとらえるのであれば，異は知識が局所的に存在している状態であり，同は知識が社会に広がって存在している状態ということになる。では，その知識とはどのようなものであろうか。知識を簡単に定義することはできないが，それが知っていることに関連していることは明らかであろう。まずは，知ることを起点として知識について考えてみよう[4]。

3 知ることから知識へ

　大抵の人は「右手を挙げて」と言われて戸惑うことはない。しかし，右を辞書で調べると「南を向いた時，西に当たるほう」とあり，南については「日の出るほうに向かって右のほう」，西については「日の入るほう」とある。北については「日の出るほうに向かって左のほう」，東については「日の出るほう」とあり，左については「南を向いた時，東に当たるほう」とある。東【日の出るほう】と西【日の入るほう】をどのように知っているかは別として，南北と左右は同語反復でしか定義できない。それでも，我々は南北を知っており，左右を知っており，日常生活で困ることはない。

　方角や方向に限らず，日常生活では身の周りにあるものや身の周りで起きることが何であるかを大抵知っているし，自分が何かをするときにそれをどのようにすればよいか大抵は知っている。誰もが，特別に歩き方を練習したわけではないけれど，いつの間にか歩き方を知っている。我々は日常において，特に意識することもなく，当たり前に知っている状態になる。このような，暗黙のうちに（いつの間にか）知っている知識が暗黙知である[5]。

　ポラニー（M.Polanyi, 1966）は暗黙知について，「我々は語ることができるよりも多くのことを知ることができる[6]」と述べている。そこで展開された暗黙知の議論は語ることのできない知識そのものの議論というよりは，それを獲得する方法，知ることについての議論，学びの議論であり，そこでは知ることの原点として，全体と部分[7]あるいは原因と結果という近接項と遠隔項の関係[8]の機能的側面（遠隔項へと注目するために近接項から注目する），現象的側面（遠隔項の中に近接項を感知している），意味論的側面（遠隔項が近接項の意味である），存在論的側面（暗黙知が意味を伴った関係を2項目間にうちたてる）が指摘されている[9]。

　暗黙知という知り方は，知ろうとする能動的な志向によって，環境にある諸要素を共時的包括性へと編集することであり，時間順序で生起する出来事

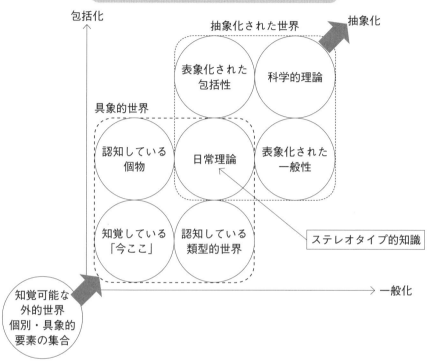

図表5−2 知識形成と包括化・一般化・抽象化

のなかから経時的包括性を編集することである。もちろん，包括的に知ることは，自由な解釈という意味ではない。暗黙知における包括性は，知るという志向の中で破壊され，再統合されて変化していく。その再統合は自由ではなく，環境に制約されている[10]。暗黙知は物的な身体を使う行為を源媒体として形成される「外的世界と相似している内的世界」であり，我々は外的世界にある物的存在（モノ）や他者の行為（コト）を通じて暗黙知を拡大していく。

　我々は直面する外的世界に働きかけ，モノ・コトの世界を知るのであるが，我々は直面するその時々で唯一の外的世界を単に個物として経験するわけではなく，同時に，世界を最初から類型化された世界として経験する（A.

Schutz, 1970)。日常的な行為を導く日常理論は個物で得られる関係性を類型的に一般的関係としたもの，あるいは類型的なモノやコトを個物の経験に基づいて関係づけたものと考えることができる（**図表5－2**）。

　日常理論の形成は，類型化された暗黙知という知識形成過程で説明可能である。日常理論の形成は単純に個体水準の知識形成ではない。石で木の実を割るチンパンジーや芋を海水で洗うニホンザルが群れ単位でいるように，暗黙知であっても個体群内部の相互作用で集団水準の知識を形成することは可能である。しかしながら，暗黙知という個体水準の知識形成過程で社会的な知識を普遍化し，広域に拡大することは非効率であり，困難である。

　社会的水準で効率的に知識を形成する我々の道具が「ことば」である。ことばで表現されたモノ・コトの世界は，表象の集合として表象の世界を形成する。表象の世界は我々が直接体験するモノ・コトの世界を相似的に表現している。したがって，表象の世界にある個々の表象は相似性が保証される程度にモノ・コトの世界の存在に支持されている[11]。

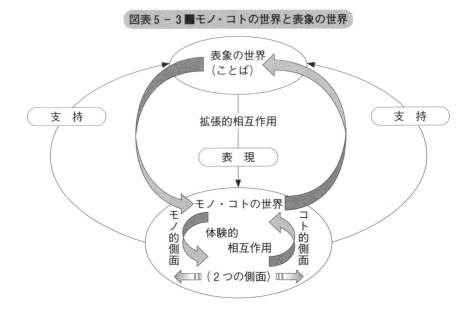

図表5－3　モノ・コトの世界と表象の世界

表象化によって直接体験は間接化され，表象そのものは表象した個体から自由に流通する。その結果として，我々は広範に間接的な体験の相互作用（拡張的相互作用）を繰り広げることが可能となる（**図表5－3**）。我々は直面するモノ・コトの世界で体験的に相互作用して暗黙知を形成すると同時に，体験的なモノ・コトの世界をことばで表象して，拡張的な相互作用を通じて社会的な水準で知識を形成している。では，こうして形成される知識はどのように在(あ)るのであろうか。

4 知識の在(あ)り様(よう)

　知識という用語は極めて多義的である。知識という用語を厳密に定義された専門用語として使用することは難しい。ここでは，曖昧(あいまい)な表現ではあるが，個人が意識的に計画【投企(とうき)】し，行為することを導くものとして知識をとらえておこう。そこには事実前提も価値前提も含まれる。法則や理論，あるいは習慣の記憶も含まれる。知識はこれらの総体である。

　こうした知識は無分化な全体ではなく，体系化されている。安西（1985）は，目的に即して知識の構造化を柔軟に行えることを知識の構造化可能性と呼んでいる。知識の構造化可能性ゆえに，我々は知識を社会全体で，多様な在り様で保有することができる。

(1)　内在知と外在知

　知識の構造化基準の1つとして，暗黙知の議論を起点とする「暗黙知と形式知」という知識の分類がなされてきた。ポラニーが「我々は語ることができるよりも多くのことを知ることができる[12]」と述べているように，明示的に表出できる知識の背景にはそれを支える詳記不能な知識が存在しており，この詳記不能な知識が暗黙知である（福島，2010）。

　暗黙知と形式知は存在の形態が異なるので，ポラニーが指摘するように，暗黙知の在り様をそのまま言語などで記号表現する表出は不可能である。野

中（1990）が暗黙知の形式知化【表象】をメタファー（隠喩：metaphor）とアナロジー（類比：analogy）でなされると述べているように暗黙知を記号表現する表出は不可能ではない。「歩く」は歩く様子とその背景の歩き方の暗黙知の存在を指しているだけであっても，我々は「歩く」で歩く様子と背景の暗黙知を了解できる。記号にせよ言語にせよ，対象を指示しているにすぎない。表象によって形成される形式知で対象としての暗黙知を指示することは可能である。

　生田（1987）や亀山（2010）は「わざ」の修得において独特な比喩表現であるわざことば[13]が有効であると述べているが，「わざ」の名前も暗黙知そのものではなく，その背景にある暗黙知を指示しているにすぎない。たとえば，生田は歌舞伎における「台詞まわし」の例を出し，亀山は弓道における「放たれ」の例を出しているが，その内容を了解できるのはそれを体験して，不十分でもその暗黙知を持っているものだけである。あるいは，諏訪（2005）が熟達の過程において自分の認知や行為を言語的に表現する試みが熟達に有効であると述べているように，我々は暗黙知を形成している類型に名前をつけて，暗黙知を言語的に意識する術を持っている。

　記号表現された形式知は人間の意識から離れて物的に存在しており，意識できない内容を含んでいる暗黙知は人間の内部に存在しているというように，人間の外に在る形式知と人間の内に在る暗黙知のようにわかりやすく区別することもできる。しかし，福島が指摘しているように，ポラニーの暗黙知は知識の一元的理解のための概念であって，単に知識の構造を解き明かすための概念ではない。一元的理解のための用語を構造的理解のための用語に使うことは不適切であろう。そこで，暗黙知概念の議論につきまとう詳記不可能性ではなく，ここではコミュニケーションに不可欠な表出可能性に注目しよう。暗黙知と形式知を巡って行われてきた混乱を避けるために，以下では，主体の外側に物的に存在し，ことばを代表とする記号で表象された知識を外在知と呼び，語ることができない知識だけでなく，主体の内部に存在する知識を内在知と呼ぶことにしたい。

(2) 行動知と観察知

　松尾（2006）が指摘しているように，一般的に，手続的知識と技能（スキル：skill），あるいは技能と暗黙知は同じものとして扱われている[14]。しかし，内在知と外在知の議論でも明らかなように，知識を分類する多様な観点はそれほど単純に同一視できるものではない。ライルは人間の持つ知識を問題としていた。したがって，人工知能の分野への知識概念の展開において，人間の思考はデータベース【宣言的知識】とそれを操作する機能【手続的知識】とを備えたプログラムと同じ[15]と見なされるようになり，内在知の分類であった内容知と方法知は，宣言的知識と手続的知識という外在知の分類へ展開されたと考えられる[16]。

　では，方法知あるいは手続的知識はどのような知識だろうか。内在知としての方法知（knowing-how）は，その方法知を持つ主体の行為を導くものであって，自分（主体）と環境との相互作用についての知識である。内容知（knowing-that）は，環境における動き（性質）と，環境にあるものが何らかの類型であることの知識であり，それらが何かどのような性質かというような環境についての知識である。

　外在知としての手続的知識は，たとえばマニュアルのようなものである。方法知と同様に，そこには相互作用が記述されている。この手続的知識の背景には，環境についての知識—宣言的知識—がある。外在知としての宣言的知識は内容知と同じように環境についての知識である。

　方法知あるいは手続的知識は対象とするシステムとその環境との間の相互作用についての行為者因果の知識であるので，これらを行動知と呼ぶことにしよう。内容知あるいは宣言的知識は環境についての知識であり，主として観察によって得ることができるので，これらを観察知と呼ぶことにしよう。

　我々はさまざまな経験を通じて「私」の視点の行為に関する知識，表象された内在的行動知を得る。それは，主体と環境との相互作用として記述される。それが外在化されるとき，主体と環境の相互作用は環境にある複数の要

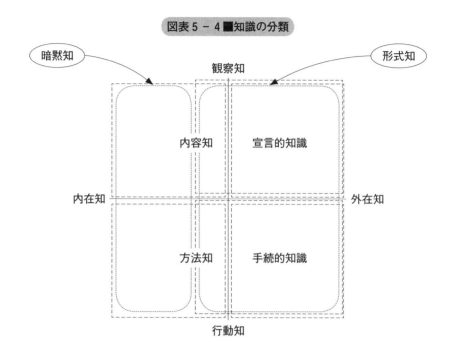

図表5-4 知識の分類

素間の相互作用に書き換えられ，容易に外在的観察知に転換される。観察知から行動知への転換も同様に行われる。このような転換は単なる呼び方の変更ではない。出来事因果として観察されたとしても，行動知に転換されることで，暗黙知に内面化される可能性が生じる。他方，行動知が観察知に転換されることで，特定の主体という行為者の制約がなくなり，機械化や組織化の可能性を議論できる。

　内在知における行為を通じた学習のような知識の変化を考察するためには，観察知と行動知という分類よりも暗黙知と形式知という分類が有効であるかもしれない。しかし，社会的文脈で，複数の人々によって進められる知識の変化は，表象された知識を多様に連結し直していくことでも進行する。そこでは，出来事因果と行為者因果を相互変換する視点を導入できる観察知と行動知の分類が有効となる。

(3) 知識としての技術の在り様

ワイク（K. E. Weick, 1990）は,「我々が世界に働きかける技能, 方法といった手段についての知識の体系」と技術を定義し, 小川（1990）は, 技術を「主としてモノの造り方に関する一連の方法」と定義している。このように技術を個人の意識的な行為を導く知識の観点から見ると, 一般的に技術は行動知と見なされる。しかし, 前記のように表象され, 外在化された行動知は観察知に変換可能なので, 技術を「行動知を基盤とする知識の体系」と見なすことが可能となる。行動知と観察知に分けて技術を定義するとすれば, 技術は, 主体が行為を行う際に利用する行為者因果関係の知識と, その行為者に対して環境として提供されている出来事因果関係の知識である。

イノベーションをこのような知識としての技術の動態と見なす際には, 知

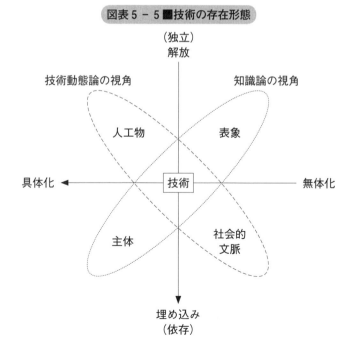

図表5-5 技術の存在形態

識あるいは技術が社会の中にどのように在るかが重要となる。この在り様については，具体化（embodying）と埋め込み（embedding）という概念で整理することができる。人が触れることができる，人が制作した産物（人工物）のなかに技術は具体化されている。技術の具体化は，技術が触れられる物的なものとして在ることを意味している（**図表5－5**）。触れられる物的な存在は人工物だけではない。人間もまた物的な存在であり，技術が具体化されたモノでもある。しかし，人に具体化される個々の技術はその人が持っている多様な技術の中に埋め込まれ，関連づけられている。人という技術の存在形態は，技術の具体化であると同時に，技術の埋め込みでもある。

　他者の行為に対応する技術は単純に切り離すことができない人への埋め込みであるが，同時にそれは，多くの人々に埋め込まれ，社会的文脈に応じた行為を導く。人々の関係性の歴史でもある社会的文脈にも技術が埋め込まれている。

　社会的文脈への技術の埋め込みは文化的な形態だけではない。社会的制度も技術の社会的文脈への埋め込みである。文化的にせよ，制度的にせよこのように技術が埋め込まれた社会的文脈は触れることのできる実体を持たない。言わば「無体」である。同じように，触れることのできず，無体化された技術の形態が表象であり，小川（1990）が工学と呼んだものである。

　前記の内在知・外在知の分類次元は，不可分に連結された知識を個別に保持している主体と，形式的に知識を細分化して個別主体から解放し，物的な担い手からも解放している表象を対局とする知識論の視角での議論である。他方，技術動態論の視角では技術システムとその利用の相互作用が焦点となる。技術動態論の視角は，①部品単位で他の技術システムから解放可能であり，物的に具体化されている人工物と，②具体化されている多様な技術を多様に組み合わせて使い，特定の技術の使い方を変化させることが別の技術の使い方に影響するように技術が埋め込まれていながら，全体としては観察できない社会的文脈とを対極としている。

　一般的な技術に関する議論では知識論の視角はあまり取り上げられないが，

知識論の知見を適用することによって，技術論では扱われないような抽象的な知識へと議論を展開することが可能となる。たとえばイノベーションの駆動力についてテクノロジー・プッシュ（technology-push：技術先行型）とディマンド・プル（demand-pull：需要牽引型）の対極的な考え方があるように，一般的な技術論では，図表5－5に示すような技術動態論の視角が議論の場となる。しかし，技術は具体化された形や埋め込まれた形で存在していると同時に，知識の側面を持っている。小川（1990）が主張しているように，一般的な知識論と技術論を融合することによって，単純な両極の均衡－不均衡を超えた技術変化の複雑な動態を理解するための基盤が得られる。

5 結 語

技術を含めた知識はモノ・コトの世界で創られ，モノ・コトの世界で拡散・定着し，さらに表象された知識として創られ，拡散し，定着する[17]。社会の水準で知識を生み，広げ，活用する営みであるイノベーションにおいて，知識の創造も重要であるが，要となるのは知識の普及である。その意味では，さまざまな変化が社会的文脈に組み込まれる「社会的文脈の変化」こそがイノベーションの本質ということになる。組み込まれる変化は，人工物としてのモノの変化であり，主体の行為としてのコトの変化であり，ことばで表象された知識の変化である。技術動態論の視覚ではイノベーションはもっぱらモノの変化を通して語られることになるが，知識の変化としてイノベーションをとらえれば，コトの変化を通して語ること，あるいはことばの変化を通して語ることも等しく重要である。次章以降では，社会的文脈に組み込まれる変化の対象を焦点としてイノベーションの議論を進めよう。第6章ではモノに焦点を合わせ，第7章ではコトに焦点を合わせ，第8章ではことばに焦点を合わせて，イノベーションの議論を展開しよう。

（内藤　勲）

●注
1 一橋大学イノベーションセンター編（2001），10-18頁では，イノベーションが知識を生み，知識を活用する営みであること，システムとしての営みであること，社会的な営みであること，矛盾に満ちた営みであることが指摘されている。
2 オーディオ機器は音楽を楽しむことだけに使われるものではないが，ここでは議論の単純化のために，音楽を楽しむことだけに焦点を合わせている。
3 楽曲の入手方法は，機器と対応させて特徴的なものを示した。必ずしも，多数派ということではない。
4 知識については知識論の長い歴史があるので，ここでは本書第Ⅱ部の議論に必要な内容に限って，知識や技術について我々の立場を明らかにしておきたい。
5 正確には，「門前の小僧習わぬ経を読む」のように，いわゆる形式知をいつの間にか知ることもある。
6 ポラニー（1966），訳書15頁。
7 全体を経由して，部分と部分の関係も知っている。たとえば，顔と目，顔と鼻の関係を知るとき，目と鼻の関係も知っている。
8 必ずしも，「部分が近接項・全体が遠隔項」あるいは「原因が近接項・結果が遠隔項」と対応づけられるわけではない。
9 ポラニー（1966）の訳書には，佐藤敬三訳（1980）『暗黙知の次元―言語から非言語へ』紀伊國屋書店と高橋勇夫訳（2003）『暗黙知の次元』筑摩書房がある。新訳のほうがややわかりやすくなっている。
10 知ることに関して環境による制約を強調した理論として，たとえば，ギブソン（J.J. Gibson, 1979）のアフォーダンス（affordance）の理論がある。
11 ことばの使用もまたモノ・コトの世界での直接体験的な経験であるが，ことばによる表象は，それが体験を間接化するという意味で特殊な位置づけにしている。
12 ポラニー，1966, 訳書15頁。
13 生田は「わざ」言語と表記している。
14 手続的知識，技能，暗黙知すべてに言及している研究は少ない。技能を軸として，手続的知識＝技能，技能＝暗黙知という扱いが多い。
15 ポズナー（M. I. Posner, 1989），訳書157頁。
16 一般的には，宣言的知識や手続的知識は外在知に限定されるわけではない。本書では，人がそれぞれに持っている知識である内容知や方法知と区別するために外在知に位置づけた。
17 もちろん，必ずしも定着するわけではないし，拡散されないモノ・コト・ことばも少なくない。

第6章
モノの存在とイノベーション

1 はじめに

　本章では，イノベーションについて「モノ」という観点から考察をし，モノがイノベーションに与える影響について明らかにする。ここで扱うモノとは，形状や質量などがある物理的存在を指すこととする。イノベーションにおいてモノの占める部分は，認識上極めて大きい（古澤，2008）。たとえば，我々がイノベーションとしてよく取り上げる事例は，ガソリン・エンジンと電気モーターの両方を駆動装置として持つ「ハイブリッド車」であったり，画面がタッチパネルになり指で操作が可能となった「スマートフォン」であったりする。すなわち，新しい技術を用いた製品（＝新製品や新商品）というモノの存在がイノベーションの中心に据えられるのである。なぜなら，後述するが，物理的なモノの存在というは，その有形さゆえに，変化の前後で比較することが非常に容易であり，変化を認識しやすいからである。
　これまでにもイノベーションの研究はさまざまな視角から分析がなされており，その研究成果を取り上げれば枚挙にいとまがない（Abernathy & Utterback, 1978；Freeman, 1982；von Hippel, 1988；Van de Ven, Angle and Poole, 1989；Utterback, 1994；Christensen, 1997）が，本章でのイノベーションとは，前章で言及されたように，技術や製品の単なる発見や発明だけにとどまるのではなく，それが広く社会レベルで認知される状

況になった知識の変化であるととらえ，以後，考察していくことにする。

2 モノによるイノベーションの創出

(1) モノが持つ力

　ここではモノによってどのようにイノベーションが創出されるのかを考えていきたい。その前に，モノの特徴について整理しておこう。イタリアの社会学者Gagliardi（1996）によれば，モノは次の3つの特徴を持つという。その3つの特徴とは，「(a)人間の行為の産物であり，その創造主からは独立して存在している，(b)問題を解決したり，欲求を満たしたりするために意図的に創られたもの，(c)その有形性と物理性から，感覚によって感知できるものである」(p.565)。また，榊原（2010）によれば，モノ（＝人工物）は単なる「自然物あるいは天然物ではなく，それから区分される」（27頁）ものであると指摘し，人工物とその価値について議論している。すなわち，①形状や質量などがある物理的存在であり，独自性があるということ，②自然物ではなく人が手を加えるなどの設計・デザインがなされ，その利用者にとって何らかの価値を見出すことができる，というのがモノの持つ特徴といえよう。このことは，アメリカの哲学者Cook（2008）が指摘する，モノに自然体系的側面（＝物的特性）と人間的側面（＝価値や意味）の両方に関係する側面があることと符合する。彼によれば，たとえば庭は植物や敷石，池などでの自然によって構成されるが，それらは自然にあるがままのものではなく，デザインされ，考えられて配置され，人の手が入ることで庭となるという。庭にも日本庭園やイングリッシュガーデンというような種類があることからもわかるように，どのような庭なのかという意味はその庭がどのように構成されているのかによって異なるのである。

(2) モノと組織文化

　次に，組織の中でモノは，どのような役割を果たしているのかを考察していきたい。ここで組織とモノの関係を見ていくのは，イノベーションの創出を分析するに当たり，その主体を組織であると想定しているからである。もちろん，新しい技術やアイデアを思いついたり考え出したりするのは1人の個人なのかもしれないが，その個人があれこれ考えたり試行錯誤するうえで，個人が所属する組織というコンテクストは大変重要であり不可欠なものであろうし，他者との相互作用がなければ新しい技術やアイデアは実現できないからである。極端な例ではあるが，とても素晴らしいアイデアや考えを持っていたとしてもそれを組織が受け入れなければ社会的に広がっていかない。我々の定義に従えば，社会的に広がらなかった発見や発明はイノベーションとは言えず，単なるインベンションとして分類されるのである。

　ここでは，組織のコンテクストとして組織文化を取り上げ，モノと組織文化の関係について明らかにする。アメリカの心理学者Schein（1985）は，組織文化を3つのレベルに分け，モノ（＝人工物，アーティファクト，artifacts）と価値と基本的仮定の相互作用から成り立つことを示した（**図表6－1**）。

　Schein（1985）によれば，モノ（図表6－1のアーティファクトに当たる部分）は組織文化の表層的な部分であり，組織の価値を反映する。換言すれば，組織がある建物や工場，オフィスのデザイン，生産している製品や商品といったものは，組織が何を重視しているのかという価値観を現しているということである。このことに関連する研究としてYanow（2006）は，西洋文化の組織ではビルの最上階を組織の上層部のオフィスにし，たとえばインドなどの非西洋文化の組織では1階や6階建ての2階部分に上層部のオフィスを置くことがあるとしている。これは人間をコントロールしているのが体の一番上にある頭（すなわち脳）であると考えている西洋文化と，身体の中心にある魂であると考えているヒンドゥー文化を反映したものと指摘してい

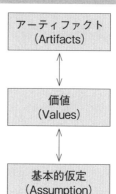

図表6−1 文化のレベルとその相互作用

（出所） Schein (1985).

る（Yanow, 2006）。また，図表6−1のモデルの価値と基本的仮定の関係であるが，Schein（1985）によれば，組織の価値を支える深層にある基本的仮定が，意識されることは通常ではほとんどないという。なぜならば，それは組織メンバーによって当然のことであると受け止められており，疑問視されることがほとんどないからである。結局のところ，どのような基本的仮定を持ち，それによってどのような価値観が形成されているのかは，外界に表出されたモノを通じてしかわからないのである[1]。逆に言えば，モノには組織文化の中層や深層にあたる価値や基本的仮定に相互作用を通じて影響を与えることができる力を持っているといえよう。

(3) モノによるイノベーション創出のメカニズム

モノはどのようにイノベーションを創出することができるのであろうか。ここでは，モノ主導でイノベーションを創出することが可能であることを，アフォーダンス（Gibson, 1979），拡張による学習（Engeström, 1987），文化的アプローチによる組織学習（Cook and Yanow, 1993），そして，デザイン・ドリブン・イノベーション（Verganti, 2009）の議論を踏まえて明ら

かにしたい。

　先述したようにモノには，組織の価値やそのもととなる基本的仮定が埋め込まれている。他方で，モノは独自の物的特性を持ち合わせている。アフォーダンスの議論によれば，モノが行為をアフォードする（ひき出す）という。ここで，行為者の知覚や価値が組織のそれと異なれば，通常とは異なった行為が導き出される可能性がある。組織の製品開発者が意図しなかった製品の使用法をユーザーが見出し，それにより，さらなる新製品が開発されることもある。たとえば，ここに1脚の椅子があるとしよう。通常，椅子は座るためのモノである。しかし，高い場所にある物を取る場合に，その椅子を脚立や踏み台の代わりに使うことができるかもしれない。椅子を設計するデザイナーは座ったときの腰の高さや背もたれなど，座り心地を意識しながら開発してはいるかもしれないが，椅子の上に立つことまで考えていないかもしれない。しかしながら，頑丈で安定性のある椅子は踏み台としての機能を使用者にアフォードする。このような使用法が一般化されれば，椅子と踏み台が兼ねられるような新たなモノが開発されるようになると考えられる。

　また，Engeström（1987）によれば，組織は活動を継続していくとある時点で内的矛盾が生じるという。その内的矛盾を乗り越えるために，対象（＝モノ）の使用価値を再発見し，それを拡張したり，創造したりする「拡張による学習」を行う必要があるという。すなわち，モノは組織の活動を支える根幹であるが，活動を継続させるためにはモノの変化（＝イノベーション）の必要性に迫られる。たとえば，組織の活動がうまくいき，組織メンバーが次々に増えていけばこれまで使用してきた建物のスペースでは活動できなくなったり，製品の売上が多くなれば生産能力を高めるために機械の改良が求められたりする。

　次にCook and Yanow（1993）は，組織に変化の必要性が生じたときに製品のプロトタイプ（＝モノ）が組織メンバーに共通認識をもたらす役割を果たし，変化に成功することができたことをフルートメーカーの事例研究から明らかにした。

ボストン近郊にあるフルートメーカーであるヴェルヌ・Q・パウエル・フルート社では，国際的に称賛されるようなフルート作りを行っている。そこでは，1つのフルートを作るのに，始めから終わりまで約2週間かかる。製造段階には複数の工程があり，それぞれの工程には，数人の職人が，連続して作業に従事している。通常の場合，個々の職人はいくつかある製造工程の中の2，3工程しか熟練していない。そのため，自分の担当部分の工程が終わると，フルートは次の職人に手渡される。そして，次工程のフルート職人の仕事は，前工程のフルート職人の仕事に基づいて行われる。その後も，このような過程を経ていく。もしどこかの時点で，あるフルート職人が前の仕事が「正しくない」と感じたならば，その人は適切な前工程のフルート職人にそのフルートの仕掛品を戻して，お互いに満足するまで作業をやり直してもらうのである。このように複数の職人が1つのモノ（＝フルートの仕掛品）と直接関わることによってパウエル社独自の技術を維持し，フルートという製品（＝モノ）に体現してきたのである。
　あるとき，クーパー・スケールという音穴の規格が広く普及した際，パウエル社ではこれまで採用されてきたパウエル・スケールを変更すべきか否かという問題に直面することとなった。パウエル・スケールというのは創業者が開発した音穴の規格で，これまで組織メンバーにとって組織の根幹をなすものであると思われてきたため，容易に変更することは困難を伴った。この問題を解決するために，クーパー・スケールのフルートのプロトタイプが製作され，そのモノを観察し，直接触れることによって，組織メンバーは自らのフルート製作の根幹は国際的に称賛されるフルート作りであり，パウエル・スケールは不可欠な要素ではないことを確認することができた。結果，パウエル社はクーパー・スケールという新たな規格によるパウエル・フルートを作ることに成功することができた。
　最後に Verganti（2009）は，イノベーションには「技術の新しさ」だけでなくデザイン（＝モノの形状や形体）により「新しい切り口」を提示することで新たな意味をもたらすことができることを明らかにしている。たとえ

ば，任天堂の家庭用ゲーム機 Wii は，これまでの指先でボタンを操作するコントローラーによるゲーム機とは異なり，たとえばスポーツのゲームではテニスラケットでサーブを打ったりゴルフクラブでスイングしたりするかのように体を動かしながらコントローラーを使うことによってゲームを進行させる。このようなコントローラーの使用方法の変更というゲーム機の発展というのは，これまでの精細な画面作りや3D表現などのような視覚的なリアル感の追求とは異なる方向であり，その後，ソニーやマイクロソフトがそれぞれ PlayStation Move や Kinect を発売し追随していることからもわかるように，ゲーム機のイノベーションであるといっても過言ではなかろう。

　以上の議論から，次のようなモノ主導によるイノベーションの論理を提示することができる。すなわち，モノは組織文化を表象するものであり，モノを介する営為は組織の活動の中核を成すものである。換言すれば，それは組織価値の生成ということもできよう。組織においてモノが変化したり，同じモノであったとしても別の文脈や状況に置かれることで使われ方が変わることによって，その組織の価値や意味，ひいては文化に変化をもたらし，イノベーションを創出することができるのである。

3 事例分析―森下仁丹のシームレスカプセル

　ここでは，モノによるイノベーション創出について森下仁丹株式会社（以下，森下仁丹）におけるシームレスカプセルの事例を挙げて説明する。このことによって，モノによるイノベーション創出のメカニズムを明らかにしていきたい。

(1)　森下仁丹の歴史[2]

　大阪に本社を置く森下仁丹は，1893年（明治26年）2月に創業者の森下博が始めた森下南陽堂が発祥で，120年以上の歴史を持つ老舗企業である。現在の会社名に冠されている「仁丹」の第1号は，1905年に発売された懐中薬

で，表面はベンガラ（赤色顔料）でコーティングされたものであった。これは，公衆衛生や医療水準が低く，風邪や食あたりでも命を落とす人が少なくなかった当時の日本において，病気は予防するものであるという森下博氏の考えに基づいて開発された商品であった。現在の仁丹は16種類の生薬が配合され，それらを純銀でコーティングしたものであり，口中清涼剤として販売される医薬部外品である。ここで薬という表現が用いられているのは発売当時のことである。

　さて，携帯性や保存に便利な仁丹は，発売2年目にして国内家庭薬の売上第1位を記録するほど好調であった。発売3年目の1907年には海外輸出を始め，中国やインド，東南アジア，南米，アフリカへと展開していき，1921年度の仁丹輸出額は，日本の売薬輸出額の6割を占めるまでになった。仁丹の成功を受け，1936年には組織を改め，森下仁丹株式会社を設立した。その後も，仁丹の売上は順調に伸び，1982年のピーク時には37億円に達するまでになった。

　このように順調な売上の伸びが持続するかに見えた森下仁丹であったが，社会における公衆衛生面や栄養面は年を経るごとに改善し，家庭用の万病薬としての意味合いは徐々に薄れていった。また，戦後は口中清涼剤としての側面を強調して販売していたが，他社からも類似製品が多く発売されるようになると，生薬の苦みが広がる仁丹は敬遠されるようになっていった。その結果，2002には仁丹の売上は約3億円となり，ピーク時の10分の1以下にまで下がった。2003年3月期の決算では同社の業績は30億円の赤字に陥り，過去の勢いを完全に失っていた。

　そんな森下仁丹であったが，その後，業績を回復させることに成功し，2014年3月期の決算には連結売上高103億円，当期純利益3.6億円を計上するまでになっている。この業績回復の背景に，仁丹の開発および製造で培ったシームレスカプセルというモノの存在がある。次項では，このシームレスカプセルがどのように生まれたのかを振り返る。そのうえで，シームレスカプセルがどのように活用されて，今日のような業績回復がもたらされたのかを

明らかにしていきたい。

(2) シームレスカプセルの誕生

　実は，シームレスカプセルの開発が始まったのは，銀粒仁丹の売上高がピークを迎える10年以上も前の1971年からである。この背景にあるのが，その当時ヨーロッパで開発された液体式の口中清涼剤が日本市場で発売されたことである。この商品によって直接的には仁丹の売上に影響が出ることはなかったが，当時社長だった森下泰氏は液剤の即効性に着目し，液体の入った丸剤の仁丹を開発することにしたという[3]。

　当時，薬品のカプセルには，主に2つの種類があった。ハードカプセルとソフトカプセルである。ハードカプセルは主に風邪薬などの粉末を入れる用途で使われていたもので，型をあらかじめ成形し，内容物を充塡した後に組み合わせたものである。これに対し，ソフトカプセルはビタミン剤などに使われ，ゼラチンシートをあらかじめ作り，型に通す際に上下をつなぎ合わせてカプセル化したものである。ハードカプセルはつなぎ目があるので液体を入れることができず，ソフトカプセルは被膜が厚くて口溶けが極めて悪かった。どちらも，液体の入った丸剤の仁丹には向かないことがわかり，新たなカプセルを作り出すことが必要であった。

　口中で溶けるほど薄く，携帯性や保存性にも優れたカプセルを作るのにヒントにしたのが，したたり落ちる水滴であった。蛇口から少量の水を落とすと，界面張力の作用により小さな粒状になる。この作用を利用して，球形のカプセル製剤を作り出すアイデアを思いついたのである。その開発過程においては，粒の均一化やカプセル内部への内容物（液体）の充塡方法などさまざまな困難があったが，それらを1つずつ克服していった。そして，1971年に開発を始めてから9年後の1980年に，ついに中身に液体を包んだつなぎ目のないカプセルであるシームレスカプセルを用いた口中清涼剤「クリスタルディウ」を発売した。

　このシームレスカプセルには，当初カプセルの特性により親油性の液体し

か中に入れられなかったが,それでは味が伝わりにくいため,親水性物質を包み込めるように改良が続けられることとなる。そして,10年間もの間,さまざまな改良がなされ完成したのが1992年2月に発売された「クリスタルデュウ・マイルド」である。そして,その3カ月後の5月には「カプセル仁丹」が発売されている。このカプセル開発により,親水性の物質を包み込むことが可能となり,油ではできなかった,甘味などをつけることができるようになり,口中清涼剤以外にもさまざまな用途に使える下地ができあがったのである。

(3) 被膜の意味変化とイノベーション

すでに上で見てきたように,森下仁丹は仁丹で大成功を収めた。しかしながら,ピークの1982年を過ぎると,仁丹の売上は減少し,2003年には30億円の赤字に陥った。この2003年に三菱商事から森下仁丹の執行役員として入社した駒村純一氏(のちに2006年代表取締役社長に就任)によって,その後,経営は立て直され,業績が回復していくことになる。ここでは,その回復過程の中で仁丹に用いられていた被膜の技術がどのように活用され,業績が回復したのかを明らかにすることで,モノによるイノベーション創出のメカニズムについて見ていく。

まず,森下仁丹における被膜のとらえ方について整理したい。1905年に発売された仁丹(赤大粒)はベンガラでコーティングされていた。森下仁丹の象徴的存在ともなっている1929年11月発売の銀粒仁丹には,阿仙薬,甘草,桂皮,木香,生姜など16種類の生薬が配合され,表面が純銀で覆われている。1980年に発売されたクリスタルディウは液体の生薬が入っており,口の中での口溶けを良くするために,液体を包み込むという発想から開発したシームレスカプセルが用いられている。ベンガラや純銀,シームレスカプセルと,時代によって被膜の種類は変わっているが,被膜が中身の生薬(固体や液体)を保護し,携帯性や保存性を高めるために用いられていることに変わりはない。森下仁丹において被膜は重要な技術ではあったが,それは生薬を包

み込むための手段としての位置づけであった。仁丹の中身である生薬は森下仁丹にとって非常に重要な意味を持つものであり，それこそが価値の対象であったといっても過言ではないであろう。

　しかし，そのような被膜のとらえ方は変化した。その転機となったのは，森下仁丹が赤字に陥り，駒村氏が執行役員として入社した2003年である。駒村氏は，仁丹そのものをとらえ直し，従来森下仁丹が価値の中心に考えていた生薬ではなく，被膜というモノの価値に着目した。特に，液体の生薬を包み込むために開発したシームレスカプセル自体の価値を評価したのである。たとえば，カプセル化することで，液体を固体として扱うことを可能にしたり，酸化防止につながるため内容物の保存性や安定性を向上させたりできる。また，シームレスカプセルはつなぎ目がないため耐久性があり，胃酸でカプセルが溶けてしまうことなく，カプセルの中に入れた乳酸菌や生薬を腸まで直接届けることが可能であった。このような機能を持つシームレスカプセルを社外に積極的に売り込んでいったのである。

　その結果，シームレスカプセルは，これまでビフィズス生菌腸溶性カプセル「ビフィーナ10」などの社内の商品でしか活用していなかったものが，2013年時点で，100社1,500以上の商品に広く採用されている。たとえば，雪印メグミルクの「ビフィズス菌SP株カプセルヨーグルト」や，アメリカ・ウィスコンシン州のシュワベノースアメリカ（Schwabe North America）が製造する「パールズ」というサプリメントにおいて使われている。他にも，シロアリ駆除カプセルやレアメタル回収カプセルが現在シームレスカプセルを活用して開発中である。

　ここでのイノベーションは，生薬を保護し，携帯性や保存性を高めるためのモノという被膜の位置づけを見直し，被膜の機能に着目することで新たな価値を見出し，さまざまな活用商品を生み出した点にある。もちろん，商品によっては被膜の厚みや層の構造などが異なることは言うまでもないが，どれもシームレスカプセルを用いている点では同じである。

4 結　語

　本章では，モノに焦点を当てて，イノベーションにおけるモノの役割について明らかにしてきた。イノベーションの創出や普及には，単にモノが存在するだけではなく，それを介した実践（コト）やそれをどのように名づけるか（ことば）ということも重要である。モノにどれほど可能性があってもそれが使われなければ無意味であるし，それを指し示す用語がなければ広く伝えることもできない。しかしながら，これまで見てきたようにイノベーション創出においてモノは非常に重要な役割を果たしている。最後に本節では，これまで明らかにしてきたイノベーションにおけるモノの役割から得られるインプリケーションおよびモノとコトやことばの関係性についてディスカッションすることで結語としたい。

　まず初めに，イノベーション創出のメカニズムについてモノの観点から議論した第2節によれば，モノには組織文化が具現化されている。組織の基本的仮定や価値はもちろん組織文化の中に埋め込まれているが視覚的に捉えることは難しい。しかしながら，モノは組織文化を表している。そのような組織文化を具現化した象徴的なモノへの直接的関与は，組織メンバー相互間に共通の価値観や理解，信念を形成することにつながる。パウエル社のフルートや森下仁丹の仁丹には組織文化をメンバー間で共有させる力を持っていた。そのため，フルートにおけるパウエル・スケール変更には強い抵抗が見られたし，仁丹という絶対的な商品に対する強い信頼が組織を変化させるための障害になっていたことは否定できない。しかしながら，これらのモノによって組織が支えられてきたことも確かなことである。その意味では，モノには組織や組織文化を安定させるような錨効果，すなわちアンカリング効果があるともいえよう。このような信頼できるモノがあるからこそ組織はある程度の自由度をもって挑戦やチャレンジをすることができるのである。

　次に，イノベーションを創出するためにはモノの本質や意味に着目する必

要がある。仁丹は，生薬入りの口中清涼剤として販売されていたため，生薬の効果や口中清涼剤として役割に注目していただけでは発展はなかったが，被膜も森下仁丹を支える重要なモノであるということに着目したとき，その中身をビフィズス菌や他の薬を入れて運ぶことができるカプセルとしての役割を見出すことができ，イノベーションにつながったということができる。モノには設計者の意図や価値観が埋め込まれているが，それを別の視角からとらえ直し，本質や意味を新たに創り出すことがイノベーションにとっては大切であろう。

　組織の活動において用いられる道具や機械，製品などのモノは，モノそのものだけで理解可能になるわけではないし，モノがあるということだけで直ちにイノベーションが生じるというものでもない。実践（＝コト）の中のどのような状況において用いられるのかという理解がなければ，本当にそのモノの意味を理解したということにはならない。またそのモノが組織においてどのような位置づけにあるのか，どのようなカテゴリーに類型化されて呼ばれているのか（＝ことば）といったこともモノを理解するためには重要なことである。そのためには，組織における実践に参加・アクセスする必要がある。この意味で，実践は参加している人々の間で学習を促進させる営為であり，1人の個人だけでなされるものではない。実践への参加は，新人の参加者たちに観察的な見張り役以上のものを与える（Lave and Wenger, 1991）。すなわち，新人の参加者は，どのように仕事をするか，仕事の中でどのようにモノを扱うか，それぞれの仕事がどのように相互に関連しているか，といったさまざまなことを学習し，また，実践のさまざまな状況にアクセスすることによって仕事全体の構造を学習しているのである。参加によって「広範囲の進行中の活動や，古参者たち，さらに共同体の他の成員……情報，資源，参加の機会へのアクセス」（Lave and Wenger, 1991, p.101, 邦訳83-84頁）が可能になる。逆に言えば，仕事全体の構造が見渡せないような参加のあり方は致命的なのであり，そのような参加では十分な学習を行うことはできない。したがって，実践へのアクセスが正統的に認められるような

参加を保証する必要があるのである。このように，モノだけでなくコトやことばが伴って組織のイノベーションのダイナミクスは進展するのである。

　続く，第7章ではコトづくりとイノベーションの関係，第8章ではことばとイノベーションの関係を見ていき，そのうえで，イノベーションにおける「モノ」と「コト」，「ことば」の3者の相互関係について第9章においてさらに詳しく議論していきたい。

（古澤和行）

〔付記〕
　本章は，古澤（2014）の一部を大幅に加筆・修正したものである。

◉注
1　組織文化のダイナミクスを研究したHatch（1993）は，Schein（1985）のモデルを修正し，アーティファクト，価値，基本的仮定，シンボルの4つが，それぞれ実現化，明示化，解釈，象徴化のプロセスにより円環的に相互作用する文化のダイナミクスモデルを提示しているが，ここでも外界との接点はアーティファクト，すなわちモノの部分のみである。
2　森下仁丹の歴史は，同社のホームページ（http://www.jintan.co.jp/）および『老舗に学ぶ企業改革成功の理由』幻冬舎，2013年を参考にした。
3　『老舗に学ぶ企業改革成功の理由』幻冬舎，2013年，52頁を参照。

第7章

コトづくりとイノベーション

1 はじめに

「コトづくり」という言葉が人口に膾炙されて久しい。しかし，コトやコトづくりの意味については，論じるテーマや研究対象によって，都合よく利用されているという印象を否めない。コトづくりに言及する文献を渉猟しても，人間の活動すべてがコトづくりと言えてしまうのではないかという危惧さえ覚える。確かに，モノづくりに長けていた日本に逆風の吹く中，モノづくりだけではなく，コトづくりも必要だ，あるいはコトづくりからの発想でモノづくりをすべきだという議論は，説得力を生むであろう。

しかしながら，果たして本当にコトづくり，あるいはコトという概念を利用しないと説明できない事象があるのであろうか。本章では，社会における祭りといった催事や行事，ボランティア活動，企業における新製品開発プロジェクト等，すべてがコトづくりであるというのではなく，コトやコトづくりをある限定された期間や限定された場所における社会的現象として再検討することによって，また，コトとモノ，コトとことばの関係性から，コトやコトづくりという概念を検討することによって，イノベーションや組織の議論に新たな意味を生み出す可能性があることを考察したい。

本章では，次の3つの点からコトやコトづくりの概念を考察する。まずは，既存のコトづくりを言及している文献から，モノづくりとの関連で表現され

るコトづくりをどのように捉えることができるのかを考察する。

次に，コトという日本語が表す意味について，丹念に検討することにより，モノやことばとの関係性を明らかにし，コトでしか語れないものは何かを考えていきたい。

さらに，イノベーションにおける普及の側面，逸脱可能性やバリエーションを生みながら社会に広がっていくフェーズに注目して，どのような条件があれば，「コトづくりによるイノベーション」と言えるのかを明らかにする。

概念考察をしたのち，コトづくりに妥当する一例として，かすがいKIZUNAから始まった環境教育の事例を活用して，そこに見られるイノベーションについて検討を加えたい。

2 モノづくりとコトづくりの関係性

コトづくりという言葉自体は目新しいものではないが，経営学でよく言及されるようになったきっかけは，2006年に出版された花王の社長であった常盤文克氏による『コトづくりのちから』の影響力が大きい。コトづくりに言及した著書や論文は2003年ごろから数点出版されているが，2006年以降にコトづくりに言及した著書や論文はほぼすべて常盤氏の主張を引用している。アジアの国々の製造や製品レベルが上昇し，日本のモノづくりの圧倒的な強さが明らかに脅かされている時期に，日本に足りないのは，コトづくりであるという言説は魅力的であろう。

それらの文献から，企業においてモノづくりに関連させてコトづくりを考える議論は，次の3つのタイプに分けられるといえる。1つ目のタイプは，モノづくりの付加的な存在，あるいは従属的存在としてのコトづくりの概念である。日産のように企業のブランド力強化のために，社内に眠る商品や人物などのストーリーを掘り起こし，社外に発信することや，商品（モノ）の付加価値を高めるためにモノと使う生活シーンなども合わせて提供するといった例があげられる。また，東（2006）は，これからの製造業が「モノづ

くり」から「モノコトづくり」への転換を図る必要があるという。東によると，コトとは，製品であるモノに付加価値，魅力を与えるサービス，ソリューションという商品，および商品を生み出すための仕組みや仕掛けを含む概念である。これらは無形であり，目に見えないものが多い。彼はモノがハードウェアであるのに対し，コトはソフトウェアであるととらえ，たとえば「組み込みソフトウェア」や，実体が抽象化された製品モデル，ソフトウェアモデル，それらを構成するためのアーキテクチャーなどが含まれるという。

2つ目のタイプが，モノづくりを支える車の両輪としてのコトづくりである。常盤（2006）は，コトづくりがこれからのマネジメントの重要なテーマであると主張し，会社の経営には「モノづくり・コトづくり・ヒトづくり」が必要であるという。ヒトづくりがモノづくりの基盤であり，コトづくりが働くヒトの士気を高めるのである。コトづくりの本質は，期間限定，地域限定で共同体構成員のエネルギーを引き出す祭りのようなものであるという。彼は，アポロ計画やプリウス，iPod開発などの成功した例と，ヒトゲノム解読やWiLLプロジェクトのような失敗した例の明暗を分けたのは，そこに夢や目標を実現するための巧みなコトづくり，戦略的な仕組みがあったかどうかだという。スピードと効率ばかりにとらわれていたモノづくりから，コトづくりを意識したモノづくりにシフトすべきなのである。常盤（2006）は，これからのマネジメントはコトづくりが欠かせないと主張しているが，良きモノづくりの背景に必ずしも良きコトづくりがあるとは言い切れない。製品（モノ）をつくるためには，関わる人々のコトづくりによる蓄積が重要であることを強調している。

3つ目のタイプが，コトづくり主体の考え方であり，あくまでモノづくりは従属的，付加的な存在である。モノの背後には，つねに人間の行為としてのコトがある。コトづくりによって新しい生活のしかたを創造することで，価値ある，魅力あるモノづくりにつなげることができると田中は主張する（田中，2003）。したがって，商品開発においては，名詞型発想から動詞型発

想への転換が注目されている。すべての道具はモノとコトによって成立している。名詞は目に見え，触れることができる実体あるものを表す。これに対して，動詞はコトである行為を表す。このとき，実はいろいろな行為の仕方ができることが目のつけどころである。ここに未来に対して新しく提案できる要因を発見することができるのである。実際，名詞から発想するのに比べて，動詞からの発想のほうが従来の概念を破ることができ，自由・自在に考えられる。精神的な満足感を得るには，モノの背後にあるコトを含めて考えなければ生活文化にならないのである。こうしたコトづくりの考え方は，マーケティングの研究と親和性が高い。

　以上のように，モノづくりの付加的な存在としてのコトづくり，モノづくりと車の両輪として存在するコトづくり，コトづくりを主体としたモノづくりという3つのタイプで，企業におけるモノづくりとコトづくりの関係は整理できる。イノベーションのなかでも，いわゆる技術革新や製品革新，製造工程の革新に関しては，確かに上記にあげたモノづくりとコトづくりの関係性のなかで生まれ，我々の社会に普及しているといえよう。

　しかし，本著ではイノベーションを，本質的には社会的な営みであり，社会の水準で知識を生み，活用する営みであるととらえている（一橋イノベーションセンター編，2001）。また，この節で言及したモノは，具体的な具象物を示しており，日本語が表すモノという言葉はより広い意味を持っている。さらに，具象物であるモノが直接には関係しない，あるいはほとんど重要性を持たないコトづくりが社会的には数多く存在することも忘れてはならない。たとえば，祭りや季節ごとに行われるさまざまな行事，各地で開催されるイベント，また，社会的目的を掲げて行われるボランティアを含めたさまざまな活動などは，すべてコトづくりと言える。次節からは，改めてモノ・コト・ことばの意味を考え，それらの関係性を考察する。

3 モノ・コト・ことばの意味

　荒木（1985）によると，日本語における「モノ」と「コト」と「ことば」の関係性は非常に興味深い。ここで，それらを少し紹介したい。「モノ」とは，動かしがたい運命的な何か，不変原理，具象物，非選択的であり，人間の力ではどうにもならない，人間らしい恒常的原理的な心のあり方であり，そこから物体等の具象物である我々が考えるところの「モノづくり」のモノという概念と，集団の統制やあり方「集団の論理」としてのモノという概念が存在するという[1]。

　「コト」とは，言葉のコト（言）と事柄を意味するコト（事）の両義性を持つ概念である。その特徴は，非原理的，一回的，選択的，可変的，生起変転といった表現で表される。荒木は，日本人は「コト」の世界に極めて敏感に反応する民族であるという。たとえば，「おでん始めました」というコトに季節感を感じ，男性に「一ぱいやろうか」という特別な感情を生じさせるのである。

　荒木は，コトをモノにしていくことばがあり，モノをコトにしていくことばがあるという。

　「ものがたり」と「ことの語りごと」（たとえば，ことわざや標語）は明らかに異なる。我々は，古いコトから新しいコトへの移行において，ある種のことばを発する。たとえば「ヨイショ」，「ドッコイショ」，「さらば」，「では」などである。コトとは，ことばを発することで1つ1つ処理していく態度であり，ことばを発することには，ことばの呪力があると信じられている。我々が何かコトを始めようとするとき，たとえば「注意一秒，けが一生」といった標語がつくられるのは，「交通事故を減らす」というコトを成功させたいからである。他方，「ものがたり」となると，人の理が含まれた話であり，その話が語り継がれていくことによって，物語として伝播していく。

　このように，モノとコトとことばは密接な関係性があり，その関係性に注

目することで，新たな視点を提示し，既存の社会的現象に関する新たな解釈を加えることが可能になるのではないだろうか。また，社会的事象は，モノ・コト・ことばの関係性から逃れることはできず，その3者関係を媒介し，関係性を意味あるものにしているのは，もちろん我々ヒトである。次節では，先述したモノ・コト・ことばの関係性を踏まえたうえで，組織論におけるコトやコトづくりを考えてみたい。

4 モノ・コト・ことばの関係性

モノ・コト・ことばの関係性について荒木（1985）は，コトをモノにしていくことばがあり，モノをコトにしていくことばがあるという。一回的，選択的なコトである人間の行為が，恒常的，非選択的なモノになっていくとはどういうことであろうか。

ここで留意すべきは，モノには，広義と狭義の意味があることである。荒木による広義のモノから考えるといわゆる「モノづくり」としてイメージされるモノは，狭義のモノ，具体的な具象物である。モノを広義でとらえると，不変原理や非選択的になったもの，いわゆる国家や会社，あるいは制度や社会システムもモノとなり，我々の行為をむしろ制約する存在といえるであろ

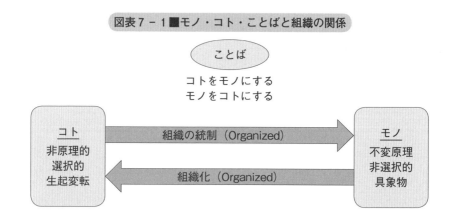

図表7−1■モノ・コト・ことばと組織の関係

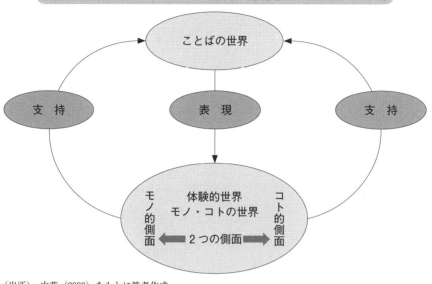

（出所）内藤（2009）をもとに筆者作成。

う。

　不変的，非選択的なモノとして形成された秩序は，たとえば我々の属する国家や企業組織となって，我々の行為を制約あるいは統制する，すなわち組織の統制（organized）の側面を生み出す。他方で，不変的，選択的になったモノの再解釈やモノからの逸脱行為という我々の行為がコトであるといえ，新たな秩序を形成する組織化（organizing）の側面を表しているといえる。そのモノとコトとの往復を媒介するのが，ことばの役割である。ことばを発することは行為であり，ヒトの行為が，それらを可能にしている。

　荒木による狭義のモノとコトやことばとの関係については，内藤（2009）が意味ネットワークの議論で，ことばにあたるものを表象と言い換えて表現している。

　我々の日々の体験世界には，モノ的側面とコト的側面がある。存在しているモノや生起しているコトで形成されたモノ・コトの世界での体験を通じて，

我々は世界についてさまざまな意味を知る。内藤は，モノ・コトの体験世界と表象の世界を分けてその関係性のダイナミズムを考えることで，流行や普及の社会現象を説明しようとした。たとえば，モノの変化がそれを対象とするコトの変化を導き，そのコトの変化がまたモノの変化を導くような相互作用（体験的相互作用）がある。モノやコトを表現する概念，モノやコトによって生まれたあらゆるコミュニケーションは表象の世界であり，この世界は我々の体験的世界に支持されていることがほとんどであるが，先述したようにモノやコトを根拠にしていない表象も存在しているであろう。

　第2節で示したモノづくりとコトづくりの関係性におけるモノは，むしろ狭義のモノの意味に基づいた分類であるといえる。しかし，具象物であるモノが直接には関係しないあるいはほとんど重要性を持たないコトづくりも存在する。モノ・コト・ことばの関係性とそのダイナミズムが，世の中で普及する新しいコンセプトを生み出すソーシャル・イノベーションの議論である。本章では，ソーシャル・イノベーションというコトづくりについて，注目していきたい。

5 コトづくりのプロセスと普及のメカニズム

　コトづくりとしてのソーシャル・イノベーションの研究は，社会的課題を解決するための新しい社会的な価値創造の動きとして今大きな注目を浴びつつある。たとえば，世界の貧困層への融資を可能にしたムハマド・ユヌス氏のグラミン銀行は世界中に驚きを与えた。また，日本では，小暮真久氏が立ち上げた「TABLE FOR TWO」が，日本発の社会貢献運動として，世界中にインパクトを与えている。大成功を収めたソーシャル・イノベーションは，熱意ある1人のコトの創出からスタートするが，組織的な活動にするために，多くの試行錯誤を繰り返しながら，適切なルーティンの束を形成するコトづくりである一方で，そのアイデアやコンセプトがある時期に，表象すなわちことばとして，爆発的に普及する。それらのコトづくりのプロセスや内容は

知らなくても，グラミン銀行や「TABLE FOR TWO」という言葉は聞いたことがあるという状況が生まれるのである。

　ここで改めて，コトづくりの創出と普及について考えてみよう。新たなコトが生み出されたとき，そのコトを動かす仕組みづくりが必要になる。最初は，たったひとりの人間のアイデアから何らかのイベント（出来事）が起きると考えた場合，1人の人間が一度きりの行為を起こし，それが誰にも認知されないとき，あるいはごく少数の人に認知されたのみのときには，そのイベントは社会的な活動とはならずに消滅する[2]。しかし，彼／彼女の行為が社会的要請に応えていれば，それらの行為は繰り返され，パターン化され，組織化される可能性がある。また，ある特定の場所一カ所だけではなく，その地域あるいはその時代のその国のいろいろな場所で生まれる可能性がある。

　コトが社会的に認識されるのは，そうしたコトに社会的な意味が与えられ，類似した活動がそのコトのもとにことばで語られるようになった時点であるといえよう。しかしながら，同様のコトを繰り返し，継続的に事業活動を行うためには，活動に参画する主体をまとめ，組織をつくり，その組織を安定させる必要がある。組織をつくることによって，単なるコトのつながりや繰り返しが事業として成立し，その規模の拡大や内容の充実をはかることができるのである。

　コトづくりとは，何らかの行為パターンの集合をつくることであり，ルーティンの束を形成することであるともいえる。ただし，まだ組織や制度（広義のモノ）として確立されておらず，経験を共有した複数の主体間の合意によって成立しているのみの状態であるといえよう。コトづくりによって生じたルーティンの束が，誰かの経験の共有によって，別の場所や別の時に再現されれば，それはコトづくりが伝播したことになる。その際，フルセットのルーティンが再現される必要はなく，サブセットのみでも構わない。その誰かが，コトづくりを再現しようとして，結局出来上がったものがオリジナルなコトと異なっていることは，むしろ自然なことであり，そこで，新たに作り上げられたコトに基づいて，モノやことばが生まれる可能性がある。

イノベーションの普及に関する先駆的な視点としては,「模倣的感染性」や「模倣的普及」の概念を使って,イノベーション普及のメカニズムを考察したG.タルド（1903）がいる。彼は模倣には,物理的原因によるものと,社会的原因によるものがあることを明らかにし,イノベーションの普及曲線に注目した。また,普及学の代表的論者であるE．M．ロジャーズは時間という要因を明確に組み込み,「普及の個人過程→普及の集団（個人間）過程→普及の社会（集団間）過程→普及の結果としての社会変動過程」のプロセスを提示している。また,仲介者としての普及促進者（チェンジ・エージェント）の存在がカギを握るとしている[3]。

さらに,ロジャーズの普及機関を通じた社会での普及（コピーが生まれる）に関しては,その地域固有の社会構造や文化に応じて新しい工夫を加えるなど,オリジナルなものから逸脱し,亜流やバリエーションが生まれていく派生的イノベーションを加える必要があるだろう（Redlich, 1951；谷本ら,

図表7-3 モノ・コト・ことばのイノベーションの特性

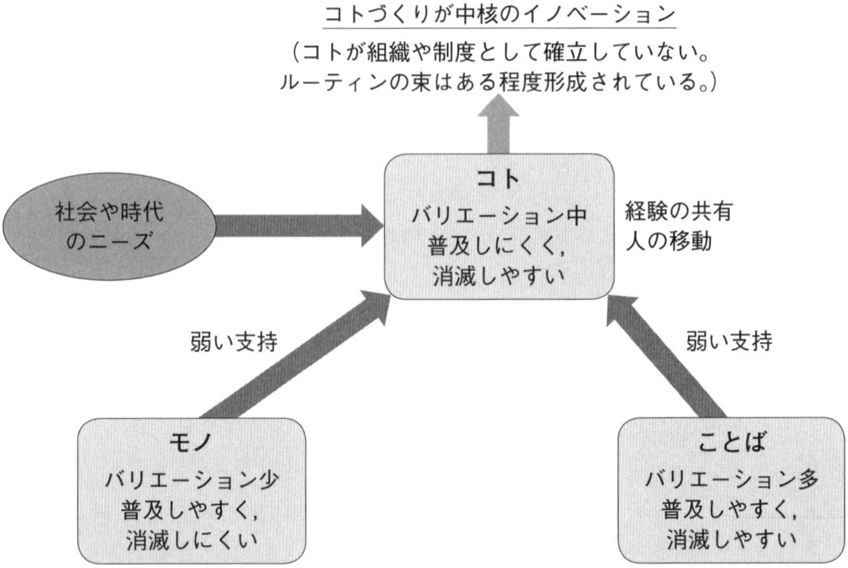

コトづくりが中核のイノベーション
（コトが組織や制度として確立していない。
ルーティンの束はある程度形成されている。）

社会や時代のニーズ → コト（バリエーション中 普及しにくく,消滅しやすい） ← 経験の共有 人の移動

モノ（バリエーション少 普及しやすく,消滅しにくい）── 弱い支持 → コト ← 弱い支持 ── ことば（バリエーション多 普及しやすく,消滅しやすい）

2013)。

　図表7－3は，モノとことばとの関係から，コトづくりによるイノベーションの独自性を示したものである。コトづくりによるイノベーションとは，社会や時代のニーズに合致していることが必要条件であるが，モノやことばによる強い支持がないところにその独自性があるといえる。

　本章では，次の3つの条件を持っていれば，コトづくりによるイノベーションの事例として適切であると考えたい。

① そのコトが，社会や時代のニーズと合致していること
② 人の移動や経験の共有が伴って，普及していること
③ モノやことばによる支持がまだ強固ではないこと

　換言すると，モノとことばの支持がいまだ弱いソーシャル・イノベーションをコトづくりと呼ぶのが適切ではないだろうか。

6 かすがいKIZUNAの事例

　これまでの議論から，コトづくりの事例として，本章では愛知県春日井市の小学校での環境教育を取り上げてみたい。本事例は，背景として，愛知万博をきっかけとした愛知県での学校教育における環境教育の重要性の認識が高まったことや，環境省主導によるESD事業の推進，文部科学省による地域に根差した大学教育の必要性（COC事業）が高まったことなどがある。数人のキーパーソンが，企業や地元の環境ボランティア，大学を巻き込み，総合学習の時間を活用して，小学生の環境教育に関する体系的なプログラムを形成したコトづくりである。

　かすがいKIZUNAは，小学校を最小単位として，地域に現存する人的資源を結びつけ，持続可能な社会を構築するための教育的支援を行う任意団体である。環境省のESD促進事業として，2006年10月，全国75件の応募から

10件が採択されたが，かすがいKIZUNAは2006年と2007年に連続で採択された団体である。2006年度に計画を立て，2007年度に実践が始まった。

　環境省に採択された事業は，すでに母体組織が活動を始めている団体による事業がほとんどすべてであり，かすがいKIZUNAは，当時，ESD促進事業により母体組織づくりから始まった国内唯一のケースであった。

　かすがいKIZUNAの構成メンバーは，産学民による混成である。庭園づくりを行う会社や春日井市の少年自然の家を運営する団体，C大学，春日井市東部に位置する小学校（以下，A小学校）のPTAやNPO法人などから参加したメンバーが協力して，小学生を対象に教育活動を行っている。この教育活動を取りまとめているのは，A小学校のO氏とC大学のU氏であった。

　KIZUNAの活動は，その活動内容の違いから，いのちを尊ぶ心を小学校総合学習や教科学習の中で育成するKIZUNAラーニングと地域社会のつながりからより広くいのちを尊ぶ心を育成するKIZUNAコミュニティに分かれるが，実際の活動はメンバー全員が協力して行っている。

　KIZUNAラーニングでは，4年生の授業の中に，「生物の命を思いやる心の育成」ということで，学校内につくったビオトープや春日井市の少年自然の家で，季節の生物を観察させている。5年生の授業では，「グローバルな視野で自然界を大切に思う心の育成」をねらい，身近にある里山を観察し，森の健康診断などを行っている。さらに，6年生の授業の中では，「人を思いやる心の育成」を目指し，地元の身体障害者や知的障害者，老人ホームなどの福祉施設を小グループに分かれて見学する。こうした学習が特徴的であるのは以下の2点である。

　子どもに考える力をつけさせるため，小学校では平成14年度から（中学校は平成15年度から）総合的な学習の時間すなわち総合学習の時間が設けられていることは周知の通りである。しかし，この総合学習は，教える先生の技量が大きく教育効果に影響する。苅谷ら（2006）は，経験豊かで，臨機応変に対応できる力量のある先生にこの方法は有効だが，公立の学校の先生全員に一斉にやらせようとするのは無理があるという。この総合学習の時間をう

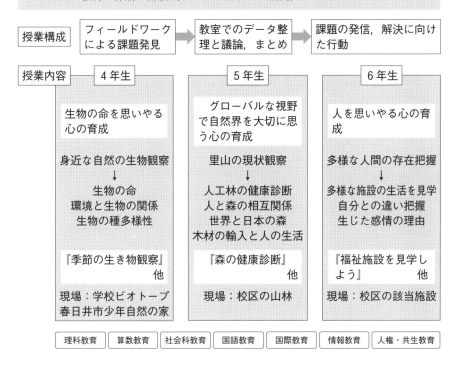

図表7－4 ■2008年度のKIZUNAラーニング

まく使えずに，授業時間に読み替えられて，形だけ整えている現状が増えている。あるいは，地域のさまざまな能力を持つ人に学校が依頼し，総合学習の教育を任せることも多い。ただし，皮肉なことに，先生たちはコーディネイターの役割だけになってしまい，内容については，地域の人に丸投げという状況も生まれている。こうした総合学習の問題点としてあげられるのは，地域の専門家などによる体験教室は，1回きりで完結してしまうことが多く，参加した子どもは，「面白かった」「楽しかった」という思い出は残っても，

総合的な知識や技能を獲得するまでに至らずに終わってしまうことである。たとえば，地域で染めの技術を持っている人が，子どもに染めて作られた製品を見せ，ハンカチなど小さな布地を子ども自らが染める体験をしたとする。子どもたちは，そのときは「なるほど」と思い，面白いと感じ喜ぶだろう。しかし，その後の継続的な情報提供や技能の習得に関する授業がなければ，染めの技術に興味を持って，自ら学習を継続させていく子どもはごくわずかである。

　かすがいKIZUNAにおける教育の特徴は，1回限りや単発の学習ではなく，総合学習や理科の時間を利用して，4年生から6年生にいたるまでの3年間で，「人と自然の命を尊ぶ心」を育成する。ある意味，継続的な教育カリキュラムをパッケージで提供している。また，授業担当者も継続的に参加して，子どもたちとの信頼関係を築きながら学習をサポートしていく。この点が，第1の特徴である。

　第2の特徴は，かすがいKIZUNAの学習に関わるメンバーのバリエーションが際立って豊富なことであり，地域の関係者をA小学校という場を中心に結びつけていることである。たとえば，校区にある「森の健康診断」を中心にした5年生の学習の場合，次のように関係者が「教える」立場として参加している。まず，小学校の理科の先生が，概念的に世界と日本の森の紹介や木材に関して理科の授業の中で教える。その後の総合学習の時間で，地元の自然の家を運営しているメンバーや造園家が人と森の相互関係を，小道具を用いたり，学校内に植えられている木を観察させたりすることで子どもたちに教える。その後，人工林の健康診断を行うための事前の授業を大学で環境を専門に研究している講師が行う。実際の里山の健康診断に関しては，少人数単位で調査・考察を行っており，それぞれのグループには，事前に講習を受けたKIZUNAコーディネイターである大学生が，小学生の学習をサポートするために一緒に行動する。こうして一連に習得した知識を子どもたちが自らまとめ，PTAらが参加する学習発表会で報告することによって，学習成果を確実なものとして定着させる。このKIZUNAの授業に関わるメ

ンバーは，それぞれバラバラに自分の担当している部分を教えているわけではない。月に一度の会議によって，KIZUNAの目的や学習プロセス，効果的な教育方法を議論し合いながら，全体として一貫した流れやつながりができるように工夫している。このようなかたちで小学校の教育に関わるという試みは全国でも数少なく，その点が評価されて環境省の事業として採択されている。

かすがいKIZUNAの事例では，次のような教育に関する新たなルーティンが生まれている。たとえば，学校という場に限定した場合，主な「教える行為」は，教師が小学生に教える，大学講師が大学生に教えるというかたちで実現されている。しかし，大学を囲む地域にまで広げて，場を考える場合には，主体と客体が典型的ではない「教える行為」が生じる可能性がある。KIZUNAの場合には，以下の5つの「教える行為」が生じていた。

① 大学生が地域の小学生に教える
② 地域の専門家が大学教員や大学生，小学校教員や小学生に教える
③ 大学教員が地域の専門家に教える
④ 大学教員が小学校教員や小学生に教える
⑤ 小学生がPTAに教える

実際には知識の伝達というよりも，相手に何らかの気づきを与えるといった程度の教える行為も多いが，こうした新たな行為が生まれることによって，2つの新たな価値観を関係者らにもたらしている。

1つは，教える，学ぶといった関係が幅広くなることによって，知の連結や知の蓄積が起こる。地域の専門家は，膨大なデータは持っているが，それを統計処理したりすることができないので，大学の教員とともに，研究のレベルを引き上げることが可能になる。もう1つは，相互のティーチング・ラーニングである。教える（ティーチング）に対する一般的な認識は，学ぶ側が得る効果ばかりに目が向き，教える側が得る効果は見落とされる。しか

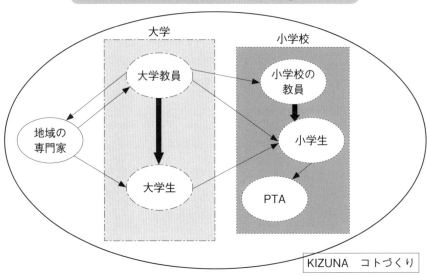

図表7-5 ■かすがいKIZUNAの「教える」という行為

(注) 太い矢印は従来の教育の概念。細い矢印は，KIZUNAによって生まれた教育。

し，教える側と学ぶ側の間にある知識や能力の格差，それぞれの学習意欲，教える方法や学ぶ方法，学習の場のあり方など，さまざまな要素の影響を被りながらも，時に教える側は，学ぶ側よりも多くのことを学ぶ。受身で学ぶことしか知らなかった大学生が小学生を教えることによって，教えることの難しさ，教えるノウハウ，相手の立場になることの大切さなど多くのことに気づくことができる。大学教員は，小学生に説明するために，自分の専門分野をどのように理解してもらうかを工夫する。

現在，かすがいKIZUNAという任意団体の活動は，A小学校という場では行われてはいない。しかし，かすがいKIZUNAで生まれたルーティンの束は，アレンジされ，すべてではなくともその一部が，地元を中心に普及していることがわかる。2009年度にA小学校の中心的な教員であったO氏が，B小学校に異動になったのち，B小学校の周りの自然を生かした新たな活動が始まっている。市内最大の公園の近くの果樹園を舞台として，梅や栗の木

を世話することよって，理科の知識を深め，梅ジュースを子どもたち自らが協力して作ることによって，食育にもなっている。かすがい KIZUNA に関わっていた大学教員や環境ボランティアも今度は B 小学校を舞台として，ESD 事業のような形式ばったものではなく，より柔軟な環境教育プログラムを実践している。また，C 大学の U 氏も同様に，かすがい KIZUNA での実績から，名古屋市の小学校から協力を要請され，かすがい KIZUNA での環境教育のノウハウを活用して，学生とともに環境教育活動を行っている。

　かすがい KIZUNA から始まった環境教育のコトづくりは，未だ組織として確固とした存在ではなく，公式に環境教育のシステムとして春日井市など行政機関や教育委員会に認知されているわけではない。しかしながら，コトのキーパーソンが移動し，その移動先でアクターの重複（部分的参加）があり，多くの子どもたちに環境への興味を喚起し，その移動先で再び新たなノウハウを蓄積し，新たなアクターの協力を得て活動している（亜流の精製）。つまりまだ（広義の）モノにはなっていない段階でのコトの普及となっている。

　小学校の教育を地域と連携して行い，ESD 教育を活発に行っている地域は全国に数多く存在する。その中でも，先進的な事例として常に引き合いに出される地域が宮城県気仙沼市である。小学 1 年生から 6 年生まで，それぞれの発達段階に応じた環境学習プログラムが構築され，それが 6 年間を通じて人間と自然の大きな関わりを生態系の循環としてとらえることができるようになっている。もちろん，地域の美しい自然や産業との関わりも深く，PTA も積極的に巻き込んでいる。気仙沼の環境教育カリキュラムは，環境省のモデルケースとして，詳細なテキストとガイドブックが作成され，適宜改訂されるほど，全国の環境教育の手本になっている事例である。このケースに関しては，すでにことばによる普及がかなり進んでいるといえよう[4]。言うまでもなく，かすがい KIZUNA の教育プログラムも，気仙沼市のモデルを参考にし，春日井市の環境に合わせたアレンジを行っている。

7 結　語

　かすがい KIZUNA のコトづくりでは，コア・パーソンによる環境教育に関する数多くのルーティンが形成されていた。地域の特性（小学校の立地条件）を生かした継続的な教育プログラムの作成や，教える行為のバリエーションの創出，地域の環境に関する人的ネットワークの活用等である。コトづくりにおいて構築されたルーティンの束は，コア・パーソンの移動（活躍の場の変化）に伴って，ローカルなアレンジが加わりながら，かすがい KIZUNA の目的や事業内容の引き継ぎが行われ，春日井市の小学生に効果的な総合学習の時間を提供することに一定の成功を収めているといえるであろう。

　モノ・コト・ことばの関係性から考えれば，かすがい KIZUNA による環境教育がさらに各学校で浸透するためには，ことばによる支持（テキストの普及，ニーズを訴える人々の声）やモノによる支持（制度や組織の確立）が必要かもしれない。しかしながら，本章では，モノやことばに強い支持を得られていないコトがどのようにイノベーションを生み出すのかを考察し，コトづくり独自のイノベーションに注目してきた。こうしたミクロレベルのコトづくりを丹念に考察することで，ソーシャル・イノベーションの創出プロセスや普及プロセスの研究に，これまで見落としていた興味深い視点を提供することができるのではないかと考えている。

　本研究では，人間の営みはすべてコトづくりだと言えてしまうのではないかという昨今のコトづくり研究に一石を投じる意味で，コトを語るには，モノとことばとの関係性を明らかにしたうえで，コトでしか語れないものは何かを考える必要があると主張した。そのうえで，コトづくりとイノベーションの関係について考察し，かすがい KIZUNA の事例をコトの普及パターンの 1 つとして言及した。

　もちろん，コトづくりの事例研究については，コトづくりの創出プロセス

と普及プロセスをさらに精緻化する必要がある。かすがい KIZUNA のコア・パーソンの1人である小学校教員のO氏は，25年以上前から，環境教育のノウハウを赴任する小学校の地域特性に合わせて，独自に積み上げてきた。O氏は，もともと理科ではなく国語を専門とする教員である。子どもたちの環境への関心が薄れていることに危機感を感じ，環境教育や食育の必要性を切に感じて，さまざまな試みをしていたため，渡りに船のように総合学習の時間を使うことができたのである。

　かすがい KIZUNA に至るまでの人的ネットワークの形成も，彼女の熱意に共感して，自然発生的に生まれた協力関係である。子どもたちの環境教育や食育の重要性がこれだけ世間で認識されているにもかかわらず，O氏に賛同して行動を共にする小学校教員はほとんどいないという。宮城県気仙沼市のような環境教育の先進的なモデルケースがあり，環境省が ESD 事業で，環境教育を地域に浸透させることに時間と予算を非常に多く使っているにもかかわらず，小学校での実効性のある環境教育の実現はなかなか難しいのが現状である。

　環境省は，環境コーディネイターの資格を持つ教員を増やす試みをしているが，それらは，いわゆるコトづくりの普及に必須である経験の共有（コーディネイターが周りの教員とともに動く）が環境教育には不可欠であることを認識しているからであろう。行政主導のマクロの動きと，かすがい KIZUNA のようなローカルで自然発生的な動きの共鳴をどのように実現することができるのか。それが実現したときこそ，「ソーシャル・イノベーション」と明言できるのであろう。

（寺澤朝子）

〔付記〕
　本章は，寺澤（2014）の一部を大幅に加筆・修正したものである。

◉注
1 「共同体の論理」「集団の論理」を示すモノとは，たとえば，「世の中は空しきもの」「秋は移ろいやすいもの」といったように，人の力では変えられない何かを示すものであって，英語の thing とは同列ではない。
2 コトの創出において，モノでもことばでもなく，誰かの行為が出発点になっているのがコトづくりの独自性であるといえる。
3 白水（2011）は普及の先行条件として，次の4つをあげている。①本人のそれまでの習慣，②感じているニーズや問題点，③本人の革新性，④所属社会の規範である。このうち，4つ目の所属社会の規範，すなわち地域固有の社会構造や価値観等が，コトづくりの普及に最も効いてくるのではないか。
4 東日本大震災で大きな被害にあった気仙沼市は，環境教育カリキュラムに震災からの復興プログラムを加えて，新たな活動を進めている。それに対して，かすがいKIZUNAのプログラムは，4年生から6年生までの3年間であり，PTAに関してはごく一部の参加に限られていた。そして，キーパーソンの異動に伴い，現在春日井市東部に位置するA小学校では，構築された教育プログラムの一部（ビオトープの保全など）の実践が残されているのみである。しかし，かすがいKIZUNAの活動が，周りの地域の特性や時代のニーズに合致していることから，そのルーティンの束の一部はしばらく残ると考えられる。

第8章

ことばとイノベーション
―― 再生可能エネルギーの意味創造 ――

1 はじめに

　本章の目的は，イノベーションに対してことばが果たす役割を明らかにすることにある。イノベーションとは，物事において旧来のものとの何らかの差異が生まれることを意味している。その際に，ことばが新たな意味を区別し，差異を生み出すきっかけとなりうる。またイノベーションの成果がライバルに模倣されないためには，その差異が保たれる必要がある。その際にも，ことばは意味を区別し続ける役割を果たす。こうしたことばの差異を作り，保つ役割に注目することによって，我々は新しいイノベーション発生を促し，その成果を守るための手がかりを得ることができる。

　もちろんことばが自然の法則を変化させ，技術的に不可能なイノベーションを可能にするわけではない。その意味で本章は，本書においてモノづくりやコトづくりを扱った他章の事例分析に反する結論を導くものではない。しかしながら，イノベーションが自然の法則に従うにしても，それが見つけ出されるまで研究開発が継続されるかどうか，それが新しい商品と消費者に継続的に売れるかどうか等については，一般に社会的な合意によって決まる側面がある。ことばは，人々が研究開発を継続したり，新しい商品を定義したりする際の合意のための指標となる。

　イノベーションという語は一般には技術革新と訳されることが多いが，

シュムペーターによる本来の定義に立ち戻るならば，この語はそれに限らず新結合を通じた経済活動の変化一般を表している[1] (Schumpeter, 1912 [1977])。新結合とは，製品や生産技術のみならず販路や供給源，組織等も含む諸要素の新しい結合を指しており，それを通じて経済活動には新方式が導入される。それは従来の方法を創造的に破壊し，これまでにない新しい財やサービスを世の中に生み出す。したがって，新結合によってイノベーションが生じるメカニズムが解明されれば，それは経済発展や企業成長の実現のために役立つ。

それではイノベーションが生じる瞬間に何が起きているのかについて考えてみよう。当然のことながら，そこには新結合を通じた何らかのこれまでとは異なるような新しい物事の発生があるはずである。しかしここで注意しなければならないことは，社会現象としてのイノベーションは，単純に完全に新しい何かが無から誕生することを意味しているわけではないということである。イノベーションとは，それまで単純に同質的だと自明視されていた物事に対して，それとは異なると認識される何かが生まれることを指している。そもそも同質的な何かが存在していなければ，それとは異なる何かを名指すことができない。

その意味で，企業家による新結合も，差異を生み出す１つの活動である。以下では岩井 (1985) に基づいて利益の源泉を差異によって説明してみよう[2]。たとえば，企業家はリスクを伴う新結合を実行することを通じてライバルの商品との間に差異を生み出す。この差異を生み出す機能こそが企業家職能としてのアントルプレナーシップである。生み出される商品は新しい財であることもあれば，サービスであることもある。そこに差異があるがゆえに，その商品は他のものでは代替できないものと人々に認識される。その差異を独占できる限りにおいて，イノベーターには利益がもたらされる。たとえば他社が模倣できない技術革新による新しい財を実現できれば，それが模倣されるまでの期間，その企業だけが利用できる時間の差異が維持されている（その企業だけが時間を超えて未来にいる）と考えることができる。また

他社が模倣できない輸送の仕組みなどの新しいサービスを実現できれば，その企業だけが利用できる空間の差異が維持されている（その企業だけが空間を超えて移動できる）と考えることができる。他社が同種のビジネスに参入し，差異が失われたとき，合法的に独占的な利益もまた消失する。その意味で利益の源泉もまた差異にあるといえる。資本主義の駆動力は，差異を作り出し，それを維持する競争にある。

　それでは差異はどこからやってくるのだろうか。それらは一般には新しい財やサービスが生まれる瞬間にこそ差異の発生が見て取れるであろう。新しい財が作られる瞬間には人間と物質のやりとりがある。新しいサービスが作られる瞬間には人間と人間の間のやりとりがある。さらには工場や研究所での複数の人々の協業のように，それらが組み合わされたものもある。以上のことから考えてみれば，差異は相互作用から生まれると言ってよい。こうしたものを本書では体験的相互作用と呼んでいる。しかしながら，これらのうち必ずしもことばがそのプロセスに介在する必要がないタイプのものは，本章では直接取り扱うことをせず，その詳細については他の章の分析にゆずることにする。生まれた差異を名指すこと，あるいは生まれる前の差異を名指すことこそ，ことばの重要な役割である。以下ではそれがどういう意味であるのかを説明しよう。

2 ことば・資源動員・イノベーション

　本章の関心はイノベーションに対して，ことばがどのように関わるかということに向けられている。人間は他の人間と相互作用するときにことばを用いる。それが単に合図としての音声である以上に何らかの象徴的な意味合いを持ち，抽象的概念によって眼前の状況が説明されるときには，ことばが形成した仮想の世界と，それが表現しようとしている現実の世界との間でもう1つの相互作用があると考えることができる。このようなやりとりを本書では，先の体験的相互作用を拡張したという意味をこめて拡張的相互作用と呼

ぶ。これは現実の事物に対する命名や解釈を通じた表象の世界と現実の世界の相互作用を指す。物事とことばの2つの層から成る世界を想定したうえで，もし具体的な財やサービスにおける差異の発生と，それを表現することばにおける差異の発生の間に，何らかの相互作用があるならば，ことばというモデルの世界での変化をとらえることが，現実の世界におけるイノベーションの発生を理解する手がかりになるはずである。こうした観点に立った場合，それではことばでの差異の発生は，どのように現実の世界のイノベーションに影響を与え，また逆に現実の世界のイノベーションはどのようにことばの世界に影響を与えるのだろうか。

　イノベーションを財やサービスにおける同質的側面と異質的側面の差異の発生とするならば，ことばはそうした差異をマーキングし，その違いを表現する役割を果たす。ことばによる命名や解釈を通じてはじめて，物事の同質的側面と異質的側面が異なるものとして区別されて人々に理解されるようになる。このようにして，ことばによって認識された差異が，魅力的な新たな財やサービスとして人々に理解され，消費や投資を行う意欲を喚起することになる。

　ことばはすでに現実に存在する現象に対して，それを事後に名づけるというかたちで働くこともある。仮に現象としては何らかの新しいイノベーションが生じた場合であっても，人々がそれに名称を与えていないのならば，それはいまだ共有された概念としては認識されていないことになる。人々はそうした場合，何らかの差異が存在していることを，他者から伝えてもらうことすらできず，自らが直接体験しない限りはその差異を認識できない。ある現象はことばで表現されることによってはじめて，それを我々はひとまとまりを持つ現象として理解することができる。社会現象において，一般に新しく作られたことばは，事後的に発見され，命名された現象を指すものである。そうした例としては，「心的外傷後ストレス障害」（Scott, 1990），「アファーマティブ・アクション」（Takagi, 1990），「薬害」（栗岡, 2001），「児童虐待」（野村・上野, 2001），「フェミニズム」（赤川, 2006），「古民家」（涌田，

2009),「癒し」(松井, 2013),「ひきこもり」(工藤, 2013),「受動喫煙」(苫米地, 2013) など数多くのものがある[3]。本章が考察の対象とする「再生可能エネルギー」もまたそうした例の1つである。商品や社会現象がそのように言い表されることによって,はじめてそれらが社会の中において特別な意味を持つものとして扱われるようになる。こうしたこと自体がまた1つの社会的なイノベーションでもある。物事の表現のされ方が変わることによって,物事自体もまたその表現の影響を受けるので,ことばと物事は相互に影響を与え合って変化していくことになる。意味が生まれたことによって,はじめてそうした商品があることが知られ,そこからその商品が商品として認知されるという現象が起こる。もちろんそれがいつも売れるという保証はないが,それでもそもそもそうしたものとして把握される以前には,それはそういうものとして認知されることすらできなかったはずである。物事は現実にそうあるというだけではなく,ことばという表象の世界で,現実的にあるいは仮想的に表現されることによって,把握されることができる。

　その一方で,ことばはまだ現実には存在していない未来の現象をもまた,事前に仮想的に指し示すことができる。たとえば構想とは,今現在にはまだ実現していない未来の現象をことばによって言い表したものである。ことばは現実世界に実現していない現象すら,それらを何らかの名称で表現することを通じて,人々にその存在の可能性を知覚させる働きを持つ。理念,ビジョン,マニフェストといったものは,いまだ実現されていない未来である。この未来の先取りこそが,イノベーションの発生を先導する合意と指標となり,資源動員を可能とする焦点となる点で,物事の世界に対することばの独自の役割を示唆することになる。再生可能エネルギーで電力の相当部分がまかなわれるというような構想も,実現されていない未来の可能性を示唆するものであり,構想の魅力がその実現のための研究開発への資源動員を正当化してきた。

　もちろん,ことばによって命名,解釈されたものが,即座に社会的に共有された理解となり,その通りに現実世界が変化する保証はない。あることば

がリアリティを持つものとして存在し続けるためには，実際の物事のレベルでの裏づけを必要とすることは言うまでもない。いわば約束と空約束は異なるのであり，それらもまた何らかの基準で区別される必要がある。しかしながら，イノベーション発生を明らかにするためには，実在する現実の物事を眺めているだけでは限界がある。なぜならば異質性の発生は，物事のレベルでの体験的相互作用から生まれるだけではなく，ことばを拠り所として実在するものと実在しないものの間の拡張的相互作用を展開し，未来を担保として自らを中空から立ち上げることができるからである。それはイノベーションの自己予言成就的成立と言ってよい。

　それでは現実の世界とことばで表現される表象の世界はどのようなかたちで接続しており，それらの相互作用のうちから，いかにしてイノベーションが発生するのであろうか。本章の問題関心はそこにある。以下では，再生可能エネルギーの事例を題材にして，これにおける技術研究開発が，ことばによってポジティブな意味を補給され続けてきた結果，官民が長年にわたって多額の予算を費やすことができた事実が明らかにされる[4]。

3 太陽電池開発の始まり—意味創造による資源動員

　そもそも再生可能エネルギー（当時は新エネルギーと呼ばれていた）がポジティブなものとして，世の中で注目し始められるようになったのはいつからのことであろうか[5]。実は民間企業における太陽電池の開発は意外に古く，早くも1950年代末にはシャープや東芝がこの事業に参入している。しかし当時においては，原材料となる結晶シリコンが非常に高価であったため，太陽電池の発電コストは1W当たり数万円にもなると計算されていた。そのためその用途は灯台や人工衛星などに限られており，とても一般の用途で大きい市場を見込めるようなものではなかった[6]。その他に地熱や石炭液化などについても，すでにこのころまでには国立研究施設で研究が行われていたが，その予算は微々たるものであった[7]。そもそも当時はそれらを再生可能エネ

ルギーであるというようにまとめて呼ぶという発想はなく，それらは単に別々の分野の相互に無関係な研究に過ぎなかった．

しかし1970年代初頭までには，日本のエネルギー供給体制は，政情不安の中東に極度に依存する脆弱な構造になっていた．資源エネルギー庁の調査によれば，1973年度の1次エネルギー国内供給の割合は，石油が75.5％と圧倒的であり，石炭が16.9％，水力が4.4％，天然ガスが1.6％，原子力が0.6％であった．そうしたなかで，通商産業省（現・経済産業省）工業技術院は，傘下の研究機関が進めてきた太陽，地熱，石炭液化，水素などの研究テーマを集めて，新エネルギー技術研究開発計画と命名し，これらの成果を全部合わせて，西暦2000年には日本のエネルギーの20％をまかなうための研究開発を進めるというアイデアを打ち出した．個々は地味なテーマであっても，それらを結びつけ，これらこそが日本のエネルギー問題を解決する究極のプランだと宣言することによって，テーマが別々のままでは持ちえなかった魅力ある新たな意味が創出されることになったのである[8]．これはサンシャイン計画と命名され，折しも同年に中東戦争に端を発する第1次石油危機が発生したことによって，時代を先取りするものとして肯定的に評価され，早速翌年度から予算を得て開始されることになった．実際にはこの時点では新エネルギーの各テーマは実用化段階にはるかに達しないものであったが，石油危機でトイレットペーパーの買い占めに走る国民にとって，政府が石油に頼らないクリーンなエネルギーの開発に乗り出すことは期待すべき優れた先見の明に見えたに違いない．その際には，太陽電池の開発もこの計画の一部に含まれていたが，それは計画開始時にはたいして有望なテーマだとは思われていなかった[9]．

1970年代後半からはこの計画の下で，太陽電池の研究開発が進み，量産化技術の確立に向けて，さまざまな成果が出始めた．しかし1970年代後半になると次第に新エネルギーに対する世の中の関心も薄れてきた．しかしそうしたなかで，再び1979年にイラン革命をきっかけにして第2次石油危機が起こると，再度，危機の打開策として新エネルギー開発への世の中の関心は急速

に高まった。そこで通産省はこれを好機として，新エネルギーの組織的な技術研究開発体制の強化に乗り出した。こうして第2次石油危機を追い風に，1980年に設定されたものが，NEDO（新エネルギー総合開発機構，現・新エネルギー・産業技術総合開発機構）であった。NEDOは，原子力発電における動力炉・核燃料開発事業団（動燃，現・日本原子力研究開発機構）と同様の役割を，新エネルギー開発において担うものと説明された[10]。サンシャイン計画の加速化方針の下で，この組織が設立されて計画の実行部隊とされ，同時に2000年時点での新エネルギー導入目標も引き上げられた。

　計画の加速化に伴い必要資金の長期的安定的確保のために特別会計制度も整備された。具体的には，政府は，その財源に電源開発促進対策特別会計（電特）と石炭及び石油対策特別会計（石特）から，新エネルギーのために，電源多様化勘定と石油及び石油代替エネルギー勘定を充当した。この代替エネルギー法に基づいて，「石油代替エネルギーの供給目標」と「事業者に対する石油代替エネルギーの導入指針」が公表された。

　太陽電池に対しても，太陽熱発電がプロジェクトの中で縮小したことから，その予算が増加し，そのことによって，複数の方式の並行的な研究開発が進められた。このように危機が到来した際に，新エネルギー開発は合意の指標となることばとなり，それに対して重点的な資源の投入が約束されるようになった。こうして新エネルギーは，にわかにエネルギー政策で大きい役割を果たすようになった。この時期までは，順風満帆のように見えたサンシャイン計画であったが，その後，予期せぬ事態に直面することになる。

4　新エネルギーの意味創出とイノベーション

　1980年代中期の原油価格の急速な低落は，計画にとって予期せざるものだった。新エネルギー開発は，石油が高価であることを前提としていたため，その前提が崩れれば，新エネルギー開発など不要だという議論が現れる。1986年にNEDOの座談会で日本経済新聞社論説委員は，この時期の石油の

供給力過剰の現状からは，次の危機が来るという狼少年論もいささか色あせて見えると発言している[11]。これまで新エネルギーには肯定的な意味が与えられ，その開発は国民的な課題だとされていたが，原油の価格が下がり危機が過ぎ去ったことによって，そうしたことばも狼少年の嘘のようにとらえられるようになった。この状況をこのまま放置すれば，プロジェクトの継続も危うくなるかもしれなかった。そこで通産省は，NEDOを中心とした新エネルギー技術開発において，先に掲げていたような壮大な目標を後退させた。通産省は，NEDOの名称を，新エネルギー・産業技術総合開発機構と変え，この組織に新エネルギー以外の技術開発も担わせることによって，その意味を変化させた。もはやこれ以後NEDOは新エネルギーだけを開発する組織ではなく，半導体や高分子材料，バイオテクノロジーなど通産省が進める重要な産業技術の研究開発をも担う組織だとされた。このことによって，NEDOは新エネルギーへの逆風の中で批判を受けることを回避し，その後も組織として継続することができた。このことによって，新エネルギーの開発はこれ以後も続けられた。政府や企業は電卓や時計につけて実用化された太陽電池を提示することで世の批判をかわし，その開発が進み実用化が実現していると訴えた。

　1980年代後半以後は以上のように新エネルギーにとって逆風の時期であったが，それに対して再度，世の中の風向きが変わることになったのは，1990年代頃から本格化し始めた地球温暖化問題のクローズアップであった。1991年10月には，日本も地球温暖化問題への対処を目的とする「地球温暖化防止行動計画」を策定し，先進主要諸国が共通の努力を行うことを前提に，1人当たり二酸化炭素排出量を2000年以降おおむね1990年レベルで安定化をはかるという目標を示した。そうしたなかで新エネルギーは，仮に火力発電と比較して発電のコストが高いにしても，二酸化炭素を排出しないため温暖化問題対策として優れたものであるという新たな意味が生まれてきたのであった。政府は，早速新エネルギーを環境問題対策の切り札であると訴え，1993年にはこれまでのサンシャイン計画と省エネルギーのムーンライト計画，地球環

境技術研究開発制度を統合して，これをニューサンシャイン計画とし，さらに計画の規模を拡大した。このような新しい意味づけによって計画は継続され，1980年代から90年代を通じて太陽電池においては数々のイノベーションが生まれ，その発電効率は向上し，セルやモジュールの低価格化も進んでいった。1990年代後半には政府の積極的な導入普及策もあって，太陽電池の普及は次第に進んだ。政府は補助金をつけて普及を支援し，また電力会社の反対を制して家庭用の太陽光発電システムを送電線に接続することを可能にした。太陽光発電パネルが，本格的に公共施設や一般家庭の屋根に取りつけられ始めたのもこの頃以降である。こうしてついに1990年代末には日本は生産量や導入量で世界トップの地位を占めるようになった。日本は1997年には累積導入量で世界一となり，1999年には国別生産量でもアメリカを抜いて世界一になっている。シャープ，京セラ，三洋電機（現・パナソニック），三菱電機が生産量世界シェアのベスト10に入り，NEDOは2007年に『なぜ，

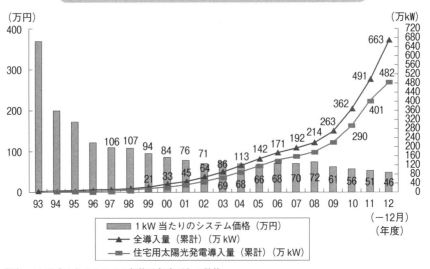

図表8－1 太陽光発電の国内導入量とシステム価格の推移

(注)　1kW当たりのシステム価格は年度ごとの数値。
(出所)　資源エネルギー庁『エネルギー白書2014』。

日本が太陽光発電で世界一になれたのか』と題する書物を公刊している[12]。これらの技術的なイノベーションは，ナショナル・プロジェクトで始まってから長い歳月にわたって太陽電池の研究開発が続けられたことの成果であった。

5 エネルギーミックスをめぐることば

　以上の事例からわかるように，現前の状況に意味を付与し，それに一定の解釈枠組みを提供するのはことばの役割である。原発事故，原油高騰，温暖化問題の深刻化など，それ自身は，再生可能エネルギーの技術的イノベーションそれ自身とは無関係な外部環境の変化であっても，しかしそうしたものに対する意味づけが，再生可能エネルギー開発の資源動員に影響を与え，最終的にはイノベーションの方向性や，実現可能性に大きな影響を与えてしまうのである。もしそれが正しいとするならば，過去の再生可能エネルギーに関する意味づけだけでなく，未来に対してどのような意味づけが現在まさになされようとしているかを知ることから，この技術の将来の発展を占うことができるだろう。

　その後の展開を見てみよう。2000年代中期になるとドイツやスペインにおける助成制度の拡充に伴い，中国や台湾といった国でも太陽光発電産業が発展し始め，日本企業の優位は揺らぐこととなった。その後は国際的に，アジアで生産された太陽電池が欧州市場に流れる構造ができあがっていったのである。こうした変化に対して，そもそも太陽電池の生産が，製造ノウハウをそのまま埋め込み再現できるターンキー製造装置により，東アジアの国でもローコストで可能になった以上は，日本の太陽電池産業はこれらの新興企業に競争力の点で勝てないだろうという悲観的な見解も現れた[13]。

　しかしながら，2011年に東日本大震災に伴う福島第一原発事故が起こると，これまでのような原子力発電に頼るかたちでの地球温暖化問題への対応が大きく見直され，再生可能な新エネルギーは，石油危機の発生や，環境問題へ

の注目に続き,三たび急速に評価を高めることとなった。これ以後,原子力発電の安全性が問われるほど,救世主的に再生可能エネルギーがクローズアップされるようになった。

現在,エネルギー・ベストミックスの名の下に,原子力発電や再生可能エネルギーを発電量構成の何パーセントにするべきかという問題をめぐって,有識者が議論を戦わせている。かつて大震災以前の2010年6月の「エネルギー基本計画」では,2030年までに発電電力量構成で原子力発電が53%,再生可能エネルギーが21%を占めることが目標とされていた。しかし,東日本大震災とそれに伴う福島第一原発事故はその楽観的な前提を突き崩すものとなった。原子力発電への信頼は失われたことから,消去法的に再度,再生可能エネルギーはエネルギー・ベストミックスの議論の際に期待の星として注目されるようになったのであった。クリーンなエネルギーの開発には反対者が少ないことから合意の指標として絶好のものである。

民主党政権下で打ち出された2012年9月の「革新的エネルギー・環境戦略」(以下,「エネ環戦略」)では,原発ゼロが強く打ち出されたため,2030年の原子力の数値は0%とされ,再生可能エネルギーの比率は35%に高められた。これにおいては,原発に依存しない社会の1日も早い実現,グリーンエネルギー革命の実現,エネルギーの安定供給が主張され,再生可能エネルギーには2030年までに累積投資額38兆円(年平均1.6兆円,2020年以後は2.3兆円)の投資が行われ,2030年には合計で3,000億kWの発電電力量が実現することになっていた[14]。このうち水力を除く再生可能エネルギーだけで計算すれば,2010年にその発電量が250億kWhであったのに対し,これが2015年に500億kWh,2020年に800億kWh,2030年に1,900億kWh(2010年比8倍)と増えるという計画になっていた。太陽光発電に関しては,「エネ環戦略」では年平均300万kW必要と書かれている。ちなみに日本の年間の太陽光発電の導入量は,2010年度に99.1万kW,2011年度に129.6万kW,2012年度に171.8万kWであった[15]。この値は近年増加しているとはいえ,まだ年平均300万kWレベルには達していない。これらの目標の壮大さは,かつて

の草創期のサンシャイン計画を彷彿とさせる。最終的にはこの「エネ環戦略」には反対意見もあり，民主党はこれを閣議決定することができなかった。
　これに先立ち，同年5月に総合エネルギー資源調査会基本問題委員会は2030年に目指すべき電源構成として，複数の選択肢を提出した。第1案は原子力発電をなくすシナリオで,「エネ環戦略」と同じく原子力発電は0％，再生可能エネルギーは35％であった。第2案はむしろ地球温暖化問題の深刻化を問題視するものであり，構成比は原子力20-25％と再生25-30％とされていた。第3案は中間案で，それぞれ原子力15％と再生30％であった。いずれにしても2030年における再生可能エネルギーの比率は，最低の案でも25％，最大の案では35％に達していた。
　その後，民主党から自民党に政権が移ると，再度，エネルギー政策は見直しされることになった。2014年4月の新しいエネルギー基本計画では数値が決まらず，2015年1月から，再度有識者による検討が開始されている。以上のように現在，原子力，再生可能エネルギー，火力発電の比率をめぐり，ことばの争いが繰り広げられており，その目標をベースに政府の予算の配分や民間企業の研究開発投資の方向性が決まる状況にある。これによって，再生可能エネルギーにおけるイノベーションの方向性に関する世の常識が決定され，それに応じて研究開発投資や新規設備投資が決定されてゆく。しかしそうした世の常識はまた，実際の太陽光発電のイノベーションによるパフォーマンス向上によって裏打ちされる。先取りして現実を意味づけることばは現実に影響を与え，現実が後からことばの力を保証する。そのことによりことばと物事は時間差を持ちつつ双方向的に規定し合う。これが拡張的相互作用を通じた自己予言成就的イノベーションのエッセンスである。

6 結　語

　再生可能エネルギーにおいて合意の指標としてのことばは，科学的な正当性を装いつつも，実際には技術的フィージビリティ以上に，あくまでそれが

望ましいという理念先行的に掲げられたことばであることが多かった。しかしこのことによって，再生可能エネルギーにポジティブな意味が与えられ，国民あるいは消費者がそれを支持する限りにおいては，このことばを根拠にして資源の動員が実現し，その結果，目標水準には達しなくても，一定程度の研究開発が進み，その結果としてイノベーションが実現されることが期待できる。言わば，イノベーションとアントルプレナーシップには，プラトンの言う「高貴な嘘」のごとき一面がある[16]。

実際には，全1次エネルギー供給に占める新エネルギーの比率は，2010年の実績では，それらは太陽光0.3％，風力0.4％，地熱0.2％，バイオマス・廃棄物1％である[17]。新エネルギーに関して，政府は第1次石油危機後からさまざまな政策的育成策を進めてきたが，残念ながら現在まだその普及率は非常に低い状況にある。

こうした状況であるにもかかわらず，太陽電池など再生可能エネルギーは，繰り返し新しい意味を授けられながら開発を長期にわたって続けることができた。冷静に考えてみれば技術的には本当にエネルギー問題に対応できるだけの発電量があるのかという議論，制度的には，計画の適切なスクラップ・アンド・ビルドが必要だという議論は巧みに回避されてきたようにも見える。政府はことばを組織して意味を付与し，自らの構想を実現させようとしてきた。企業もまた自らが開発を進める技術の正当性を主張して，自らの企業に有利な政策が実現するよう働きかけてきた。これこそが合意の指標としてのことばが果たす役割であり，こうした認識なしにイノベーションを分析する視点として，技術（モノづくり）や制度（コトづくり）だけの議論を展開することには限界があるのである。

（島本　実）

●注
1 シュムペーター『経済発展の理論——企業者利潤・資本・信用・利子および景気の回転に関する研究』岩波書店，1977年（原著1912年）。
2 岩井克人『ヴェニスの商人の資本論』筑摩書房，1985年。
3 「ストレス障害」については，Scott, W. J. "PTSD in DSM-III: A Case in Politics of Diagnosis and Disease." *Social Problems* 37-3, 1990. 平英美・中河伸敏編『構築主義の社会学——論争と議論のエスノグラフィー』世界思想社，2000年，第6章所収。「アファーマティブ・アクション」については，Takagi Dana Y. "From Discrimination to Affirmative Action: Facts in the Asian American Admissions Controversy." *Social Problems* 37-4, 1990. 平・中河編『構築主義の社会学』，第7章所収。「薬害」については，栗岡幹英「薬害被害者手帳に見るクレイムの構成」，中河伸敏・北澤毅・土井隆義『社会構築主義のスペクトラム——パースペクティブの現在と可能性』ナカニシヤ出版，2001年，第6章所収。「児童虐待」については，野村知二・上野加代子「児童虐待事例の構成——記述のテクニックと解釈モードの選択」，中河・北澤・土井『社会構築主義のスペクトラム』，第9章所収。「フェミニズム」については，赤川学『構築主義を再構築する』勁草書房，2006年。「古民家」については，涌田幸宏「組織フィールドの形成と意味ネットワークの焦点化——古民家再生イノベーションを例として」『日本情報経営学会誌』vol.30, no.1, 2009。「癒し」については，松井剛『ことばとマーケティング——「癒し」ブームの消費社会史』碩学舎，2013年。「ひきこもり」については，工藤宏司「『ひきこもり』社会問題化における精神医学——暴力・犯罪と『リスクの推論』」，中河伸敏・赤川学『方法としての構築主義』勁草書房，2013年，第1章所収。「受動喫煙」については，苫米地伸「緩慢な自殺から緩慢な殺人へ——日本における喫煙問題と受動喫煙という概念」，中河・赤川『方法としての構築主義』，第4章所収。
4 本章の事例部分については，島本実『計画の創発——サンシャイン計画と太陽光発電』有斐閣，2014年を参照。
5 1997年に施行された「新エネルギー利用等の促進に関する特別措置法」では，新エネルギー（new energy）として，太陽光，太陽熱，風力，バイオマス，廃棄物等が指定されていた。しかし，これは日本独自の定義だったために，2008年にこれに地熱発電と中小水力発電を加え，バイオマス以外の廃棄物を除くという改正があり，国際的な名称である再生可能エネルギー（renewable energy）との一致がはかられることとなった。国際エネルギー機関の定義によれば，再生可能エネルギーとは，文字通り再生することが可能な資源から持続可能な形態で生産されるあらゆる形態のエネルギーをいう。
6 シャープ『太陽電池の世界』（改訂版），1996年。
7 毎日新聞，1974年1月17日付。
8 木下亨氏インタビュー記事「そのとき私は…」，日本産業新聞，1982年8月22日付。
9 「NEDOBOOKS」編集委員会編『なぜ，日本が太陽光発電で世界一になれたの

か』独立行政法人新エネルギー・産業技術総合開発機構，2007年，81頁。
10 　工業技術院『サンシャイン計画10年の歩み』，16頁。
11 　「新エネルギー開発の展望と NEDO の役割」『NEDO ニュース』1986年3月，3頁。
12 　「NEDOBOOKS」編集委員会編『なぜ，日本が太陽光発電で世界一になれたのか』独立行政法人新エネルギー・産業技術総合開発機構，2007年。
13 　この時期の当該業界の国際的な競争については，山家公雄『ソーラー・ウォーズ』エネルギーフォーラム，2009年が詳しい。
14 　エネルギー・環境会議「革新的エネルギー・環境戦略」（2012年9月14日）(http://www.cas.go.jp/jp/seisaku/npu/policy09/pdf/20120914/20120914_1.pdf)
15 　資源エネルギー庁『資源エネルギー白書2014』。
16 　プラトン『国家（上）（下）』岩波書店，1974年。高貴な嘘とは，統治者が無知な国民を従わせるためならば，彼らに神話を信じ込ませることも必要悪であるという考え方を指す。ここではそのことば（その時点では正しいとは証明できないもの）によって，実際に資源が動員されたことによって研究開発が成功すれば，それは結果として事後的には正当化されるという意味で用いている。
17 　資源エネルギー庁「エネルギーミックスにおける再生可能エネルギー及び火力発電に係る課題」2012年4月，40頁。

第9章
モノ・コトの力とことばの力

1 はじめに

　モノ視点でのイノベーションの理解では，「生薬というモノ」と「コーティングされたモノ」が結合された「モノとしての銀粒仁丹」から，「シームレスカプセルというモノ」と「モノとしての多様な内容物」が結合された「モノとしてのシームレスカプセル商品」という変化が描かれた。その過程において，コーティング技術からカプセル技術への変化とともに生薬からシームレスカプセルへの価値対象の変化が描き出された。
　コト視点でのイノベーションの理解では，かすがい KIZUNA で培われた「環境教育」に関わる多様な「教える行為」が，コア・パーソンの移動を通じてバリエーションを加えられながら，時には部分的に広がっていく変化のミクロな姿が描き出された。
　ことば視点でのイノベーションの理解では，「NEDO」の「サンシャイン計画」と名づけられた「新エネルギー」開発とその普及について，これら核となる名称が自己言成就的にその内容を充実させながら，同時に，「ムーンライト計画」や「ニューサンシャイン計画」などの新たな名称を生み出しながらそれらの意味の変容する姿が描き出された。
　モノ，コト，ことばそれぞれに焦点を合わせることでイノベーションの多様な姿が浮かび上がるが，それぞれの事例はそれぞれの視点に固定されてい

る。しかし他方で，我々が体験するモノ・コトの世界とそのことばでの表現は1つの総体である。それぞれの視点で描かれた事例を他の視点からも見ることによって，そうしたイノベーションの総体的な姿に迫ってみよう。

2 モノの視点から見たコトとことば

(1) モノの視点から見たコトの力と限界

　モノの視点から見たコトについての利点と限界について考えてみよう。コトづくりとは，モノづくりがモノを中心にしてとらえる考え方なのに対して，実践や活動など出来事を中心にとらえる考え方である（吉田，2012）。また，コトづくりとは何らかの行為パターンの集合をつくることであり，ルーティンの束を形成することでもある。組織が生み出すイノベーションは，実際の実践や活動がなければ進展しない。この意味では，組織のメンバーが従事する日々の実践や活動はイノベーションにとって不可欠であることは間違いない。むしろ，イノベーションを成し遂げるためには，コトが生じる必要がある。

　しかしながら，コトの中心である実践や活動は，刹那的で，その場限りのものである。Weick（1979）が「同じ川の流れに2度足を入れることはできない，ということわざがある。それと同様に，我々は同じ仕事を2度することはできない」（Weick, 1979, 邦訳55頁）と指摘しているように，同じようにとらえられるコトであったとしても，実は毎回毎回が真新しい行為であり，全く同じというわけではない。もちろん，この同じコトは二度と繰り返せないということを裏返せば，コトをなすごとに亜流や変形が生じる可能性を常に伴っているとも言える。

　たとえば，第7章のかすがいKIZUNAの事例を見てみると，環境教育を実現するために，地域の会社や団体，大学や小学校など，複数の主体が参加して，教え合いや学び合いが重層的に行われていた。事例の中でも指摘され

ているように，総合学習をうまく行うことは，経験豊かで臨機応変に対応できる力量のある先生には可能かもしれないが，公立の学校の先生全員に一斉にやらせようとするのは無理がある（苅谷ら，2006）。そのため，1人の教員だけで行うのではなく複数の主体が関わることで，その欠点を補うという意味合いも，かすがいKIZUNAの中には含まれていたと考えることができる。

　しかしながら，いろいろな参加者が入ることによって経験の豊かさや機会の豊富さは確保できるかもしれないが，学び手が何を学んでよいのかということは不明確になりやすい。そのようにならないために，かすがいKIZUNAの実施された内容を見てみると，「生物の命を思いやる心の育成」や「グローバルな視野で自然を大切に思う心の育成」，「人を思いやる心の育成」といった意図を実現するために，学校内の「ビオトープ」や身近にある「里山」，地域の「福祉施設」といった変わらないモノが利用されている。実践が行われる場所や空間というモノを一定にすることによって，そのなかで行われる実践が持つ意味をある程度限定することができるということができよう。逆に言えば，教えたいまたは学んでもらいたい内容がたとえあったとしても，さまざまな参加者がバラバラな文脈や状況で提示したとすると，その体験や経験から得られる内容は統一性を欠いたものになってしまう可能性が高いと言えよう。

　イノベーションの実現には実際に行うコトは欠かせないものではあるが，そのコトを行うためにはある一定のセットとしてのモノの存在が必要である。そうでないとしたら，コトは毎回毎回バラバラの意味を生み出す単なる活動にとどまってしまう。コトが意味あるまとまった活動となるためには，祭り（山車や神輿）や儀礼（祭具や祭壇）というものがそうであるように，その活動を行うために整えるべきモノがあってこそ意味を成すのである。

(2)　モノの視点から見たことばの力と限界

　ことば（言葉）には非常に強い力がある。この本に書かれている文字もこ

とばであり，このことばを通じて筆者は読者に対して言いたい内容を伝えている。もしことば（ここでの場合は，ことばと言っても文字ということに限定されることになる）がなければ，異なる場所や時間に存在する相手に自らの考えや意見を伝えることはできない。逆に言えば，ことばを媒介することによって，直接対面しなくとも，離れた場所や異なる時間に存在する人々に内容を伝えることができるという力を持っている。このことは，イノベーションの普及段階においてことばが大きな力を発揮できることを示唆しているといえよう。

しかしながら，ことばには限界もある。オーストリア出身の科学哲学者 Polanyi（1966）は，我々は語れること以上のことを知っている，すなわち，我々は知っていることをすべて言葉で表すことはできない，と述べている。また，驚くべき研究成果であると言えると思うが，非言語コミュニケーションにおける研究では，ことばは対人交流において意味の7％ほどしか伝えることができないという示唆がある（Mehrabian, 1972；Yanow, 2006）。またことばは多義的な意味を持つため，同じことばでも人々の間で受け取り方が異なる。たとえば，「はし」ということばを聞いたときに，受け手の状況によって，川に架かる橋，道路の端，食事をするときに用いる箸のどれが正しい意味なのかを判断することになる。しかし，その状況が曖昧であったり，伝達の際に一部分が欠けたり，受け手側にベースがなければ，正確に伝わらなくなってしまう。

たとえば，第8章で見た，再生可能エネルギー（太陽電池および太陽光発電システム）の開発においては，長年にわたって巨額な開発資金を継続して得るために次のようなことばによる意味創出が行われた。まず，第1次石油危機に直面した日本経済に対し，エネルギー問題を解決する究極のプランであると宣言したサンシャイン計画が構想された。次に，第2次石油危機を追い風に1980年にはNEDOが設定され投資金額が増えることとなる。しかしながら，1980年代中期になると石油価格が低落し，NEDOの存在意義が問われるようになると批判回避のために，新エネルギーの開発のみならず，半

導体や高分子材料，バイオテクノロジーなど通産省が進める重要な産業技術の研究開発をも担う組織であると意味づけを変えた。1980年代後期から1990年代になると地球温暖化問題がクローズアップされ，二酸化炭素排出量の削減のため，ニューサンシャイン計画が出され，その間に太陽電池にはさまざまなイノベーションが生まれ，ついに1997年には導入量で日本は世界一となり，1999年には国別生産量でも世界一となった。

　このように見ると，当初実現可能性が未知数だった再生可能エネルギーの開発に対して，さまざまなことばを提示したことにより資源動員が現実になされ，太陽電池の開発は継続され，イノベーションが実現されてきたように思われる。したがって，これはことばによるイノベーション創出の典型例だと言ってもよいかもしれない。

　しかしながら，実際にその中でどのようなモノが開発されてきたのかを見落としてはならない。開発資金を得るために用いたことばは，「新エネルギー」「産業技術の開発」「地球温暖化対策」というように変遷したが，そのような標語によって得られた資金は，太陽電池および太陽光発電システムの開発に使われたのであって，その意味では技術開発者にとって，これらのことばの意味は「開発資金の獲得手段」ということで変わっていないのである。ことばの変化によって意味が変わったのは，開発資金を出す側の意思決定者（国民や国民の代表である議員や国の機関）が同プロジェクトに資金を拠出するためにどのような目的で出すのかということが変わったのである。

　すなわち，先述したように同じことばであっても，どの主体がどの文脈でそのことばを使うのかによって全く違う意味にとらえられるのである。再生可能エネルギーは，上述のようにことばを巧みに変化させることによって太陽電池のイノベーションに成功したということは言えるかもしれないが，それは結果論であり，厳しい見方をすれば，太陽電池の開発がうまくいっていなければ，継続的な開発投資には成功したかもしれないが，太陽電池というモノそのものの実現（＝イノベーション）は失敗だったということになる。もちろん成功するまで継続して開発資金を獲得してきたからこその成功だと

いう言い方もできるかもしれないが，それは成功したから言えることであり，実現不可能なことであることがわかるという場合も技術開発においてはありうるのである。

3 コトの視点から見たモノとことば

(1) コトの視点から見たモノの力と限界

第6章で，モノの特徴の1つとして，「モノとは，人間の行為の産物であり，その創造主からは独立して存在している」と記述されていたが，モノが創造主から独立したのちに生じるコトの側面を森下仁丹の事例に基づいて，いくつか示唆したい。

1つは，人の行為によって，モノが生まれた当初の使い方と異なった新たな利用の仕方や価値が見出されることである。アフォーダンスの概念は，モノが行為をアフォードする（引き出す）ことであり，モノがコトをアフォードすると換言できるであろう。森下仁丹の例は，もともと保有していた丸薬のコーティング技術やカプセル仁丹のために開発したシームレスカプセルの利用価値を新たに見出し，乳酸菌や生薬を腸まで直接届ける機能を他社に活用してもらうことで，大成功を収めている。その価値をとらえ直すことができたのが，社外から来た駒村氏であったことも興味深い。

もう1つは，社外から来た駒村氏がシームレスカプセルの被膜としての価値を組織に浸透させるコトづくりが推測されることである。森下仁丹の組織文化として浸透していた「生薬が価値の中心」という考えにこだわる組織メンバーもいたであろうが，駒村氏は，モノの新たな価値の創出だけでなく，シームレスカプセルを積極的に社外に売り込むためのリーダーシップを発揮し，新たな価値の中心を組織メンバーに浸透させる努力も必要であったにちがいない。主力商品というモノの存在は組織文化の功罪となるが，モノの当初の価値をとらえ直し，新たな行為を導くためには，コトづくりの普及プロ

セスが不可欠ではないだろうか。

　もちろん，コトづくりにおけるモノの存在意義は大きい。コトづくりにおける実践は，そのプロセスにおいて，モノとしての成果が生まれることによって，コトづくりの推進により一層弾みがつき，目の前にあるモノによって人々の求心力がより高まる。たとえば，かすがい KIZUNA の実践において，学校内につくられたビオトープや近隣の雑木林の存在，希少種の美しいギフチョウなどは，学校関係者や小学生たちが環境の素晴らしさ，大切さを共有するために不可欠な存在である。それらのモノを眼前に見ることによって，かすがい KIZUNA の実践が多くの人の新たな行為を生み出すのである。

　また，モノは，コトを普及させる際にも欠かせない存在であることが多い。ESD の先進的な事例として著名な宮城県気仙沼市のコトづくりは，カリキュラムガイドとしてまとめられ，関係団体に参考にされている。コトづくりがその地域限りの実践で終わってしまわず，他の地域にアレンジされながらも普及するのは，バイブルとも呼べる書があることが大切であろう。このことは，モノだけでなく，むしろことばの重要性を語ることにもなろう。

　このように，コトを語るにおいて，モノの存在は，実践の成果や普及のために重要な存在であると同時に，モノをコトに絡めて説明することで，新たな価値の発見やモノがきっかけで生まれたその後のコトづくりの実践がより豊かに表現できるのではないだろうか。

(2)　コトの視点から見たことばの力と限界

　第 8 章では，理念先行的に掲げられたことばが，資源の動員を実現し，太陽光発電に関する技術革新が導かれた事例が紹介された。先取りして現実を意味づけることばは現実に影響を与え，現実が後からことばの力を保障する。そのことにより，ことばと物事は時間差を持ちつつ双方向的に規定し合う，と島本は言っている。

　しかしながら，第 7 章で示したように，ことばは，モノやコトの裏づけがなくとも，ファンタジーとして普及する可能性もある。「再生可能エネル

ギー」や「太陽光発電」，さらに「サンシャイン計画」ということばは，決してファンタジーではなく，それに関わる人々のコトづくりや新たに生まれた研究成果や技術というモノの裏づけがなくては，長い期間にわたって多くの機関や企業を惹きつけておくことは難しかったであろう。理念先行的と言われることばの中にも，やはりモノやコトとして実現しそうにないことばと実現可能性がありそうなことばは区別できるのではないだろうか。また，実現可能性がありそうなことばであっても，その成否は，やはりその後のコトづくりにかかっているといえるであろう。常盤（2006）は，異業種横断プロジェクトの「WiLL プロジェクト」が失敗した要因を次のように分析している。それは，参加企業各社の担当者が「遊び心と本物感」というコンセプトを共有し，意見交換していても，その後の商品化段階では各社の事情が優先し，ブランドとして統一感を出すことができなかったという。すなわち，プロジェクト名やコンセプトということばはあっても，参加者間の社会的相互作用がなく，コトづくりにつながらなかったことで，実際の商品であるモノのブランド統一感を形成できなかったのである。

　第 7 章では，ESD ということばの下での，地域での実践を明らかにした。この場合，ESD ということばは確かに現実に影響を与え，後に現実によってことばが保証されていた。このことばは，過去における環境教育の蓄積を包括的に肯定した概念であり，理念として受け入れられやすい条件が整っていたのかもしれない。しかし，ESD ということばの下での実践は，主体や地域の特性等諸条件に依存する。ことばは実践が伴うことで必然的に差異を生み，バリエーションを発生させることで，ことばが内包する意味を膨張させ，そこからさらに新たなことばを生み出す。そして，そのことばを裏づけるのが人々の行為であり，その地域や組織特有のルーティンの形成である。

　他方で，ことばとコトは不可分な関係にあることは決して否定できない。コトづくりに社会的相互作用は欠かせず，行為の連結にはコミュニケーションが不可欠である。もちろん，非言語コミュニケーションも可能であるが，人の行為の意味解釈には多義性があるため，行為連結に関わる主体は，それ

ぞれの意思を正確に伝え，多義性を除去しなくてはならない。そのための道具として，ことばは非常に重要な役割を果たす。母国語同士で話し合う場合と，お互い第2言語で話し合う場合を比較すればすぐにわかるが，コミュニケーション力に劣る第2言語での話し合いで，細かいニュアンスを相手に伝えることは非常に困難である。コトづくりのプロセスにおいて，言語的なことばの壁がないことが，円滑な遂行につながることは想像に難くない。その意味においても，コトを語るうえで共通のことばがあることは重要である。

4 ことばの視点から見たモノとコト

(1) ことばの視点から見たモノの力と限界

モノ焦点のケースは，Cook（2008）を引用しつつモノには自然体系的側面（＝物的特性）と人間的側面（＝価値や意味）があると指摘している。しかしながら，モノに物的特性や価値・意味を見いだしているのは人間であるため，モノがイノベーションに与える影響は何かという問いは，必然的にそれに関わる人間の存在をもモノの話の中に内包するものとなる。

ケースでは，あるモノがこの世に存在する際に，すでにそのモノに，人間が必ずしも意識していない象徴的な意味が込められており，人間がモノを扱う際の潜在的な価値や意味として，あるいは組織がモノを扱う際の潜在的な文化としてそれが働くとされている。そのためモノの価値や意味が，社会においてアンカー（錨）のようなものとして一定の安定性を持っていると説明されている。

たとえば，ケースで紹介されているように西洋において上層のオフィスが，ビルの頭（最上階）に置かれるということは当たり前であり，あえてその意味がことばにされることはない。逆にヒンドゥー文化ではビルの中心（2階）に置かれることも同様である。またパウエル社のフルートの正しさは職人に感じることはできるが，それを正確にことばにすることは非常に難しい。

このようにモノを介した人間のコミュニケーションには，ことばにする必要がない，あるいはしにくいものがあるということには首肯できる。それゆえにそれは潜在的，非言語的なものでもある。

ケースによれば，上記のように人間はその所属する組織文化に基づいてモノを見るとされる。その一方で，当然のことながらモノは独自の物的特性を持ち合わせている。そこで，ある組織文化に基づけば当然とされる見方が，モノの物的特性の論理を正確に把握していない場合においては，それが修正されれば，より効果的にモノの持つ機能を有効利用できるということになる。またことばにできないモノの物的特性に関するコツや勘を非言語でのコミュニケーションで伝えられれば，同様に機能を有効利用できる。それがイノベーションだという考え方は，我々の日常経験にも合致する。

ケースによれば森永仁丹のシームレスカプセルの事例もそうしたものの1つとされる。仁丹とは，もともと生薬をベンガラや銀などの皮膜でコーティングしたものである。薬効成分は生薬に含まれているため，当然ながらこれまで同社では自社の強みは生薬にあると考えられていた。それはケースによれば同社における当たり前の考え方であり，強固な組織文化になっていた。

モノの立場から見る見方はある意味では確かに斬新である。しかしながら，ビルの2階にあるオフィスが，西洋人から見ると意味がわからないものであるように，人間の解釈なしにモノがそれ自身で本来的に唯一の価値や意味を持つのではない。ビルの2階は，西洋流とヒンドゥー流の2つの解釈によって，別の価値や意味を持つものになるのである。モノに価値や意味を与えるのは人間の解釈であり，そのためにことばが活用されるのである。ある組織文化にとって自明な解釈に疑義を呈し，それを問い直すことは，ことばによってはじめて可能になる。

一方，ことばの論理では，カプセル仁丹の皮膜特性は，ある人物がそう名指ししたことによって，初めて組織内の人々にそういう意味づけ，価値づけが提案されたと解釈される。もちろん何らかの性能がなければ新製品にならなかったことはその通りだが，その人物が別の側面に着目すれば，たとえば

より薬効が顕著な仁丹，あるいは口に入れて美味な仁丹が開発された可能性もある。その際においては優れた薬効や風味の良さという機能が仁丹内部にあらかじめ存在したことになる。そうするとモノには，ほぼ無限の機能の可能性があることになってしまう。それよりは，同じものが別様にも使えるという視点の転換を主導した個人の意味づけの巧みさと，それによるヨーグルトへのシームレスカプセルの応用など，社内の経営資源の戦略的な動員や，既存の経営資源の新結合の実現が称賛されてしかるべきであろう。そこには新機能への新たな意味づけと，それに対する社会からの賛同があったのである。

(2) ことばの視点から見たコトの力と限界

コト焦点のケースにおいては，便宜上それを2つのフェーズに分けて考えることが有意義であろう。第1のフェーズはルーティンの形成プロセスであり，第2のフェーズはルーティンの確立後の継続や移植，改善のプロセスについてである。なぜならこうした区別を置かない場合には，コトとことばの話が容易に重なり合ってしまうからである。

第1のフェーズでは，実は多くの場合，ことばによる意味付与を伴っており，厳密にはコトとことばを分離できない。コトづくりの概念には，その実，ことばによる資源動員，魅力の提示の話が組み込まれてしまっている。実際にケースのレビュー部分でも，コトづくりにことばの力が用いられている。例えば日産の事例において，モノづくりを魅力的なものにするストーリーを掘り起こし社外に発信すること（たとえば開発秘話の発信）や，モノと使う生活シーンなども合わせて提供する（たとえば製品使用シーンの提示）が紹介されている。これらは明らかにことばや具体的イメージによる意味付与の一例である。

ただし第2フェーズにおいては，必ずしもそうとは言えないかもしれない。まず概念として純粋なコトを想定してみよう。コトから意味の領域を切り離せば，純粋なコトとして意味を介していない実践，すなわち意味が問われな

いルーティンが残る。それは繰り返され，パターン化され，組織化されたものとして確固たる社会的実践として存在し，一定の機能を果たし続ける。祭りなどの儀礼，日常の慣習，あるいは官僚制というような制度こそがその典型的なものである。そうしたコトは，ことばによる説明なしでも実践され続ける。いったん成立してしまったルーティンの移植のプロセスに注目してみれば，そこからはコトが独自のイノベーション創出の論理を持つことが示せるのではないか。第1フェーズにおいて，いったん活動に参画する主体をまとめ，組織をつくり，その組織を安定させることができた（コトづくりが終わった）後は，それは第2のフェーズでは，発生の起源の際に提示されていた意味を失っても，独自のものとして存続（つくられたコトとして自生）しうる。

　たとえば，祭りで行われるさまざまなルーティンの1つ1つの意味は，祭りに参加している当事者にとって必ずしも自明ではない。それにもかかわらず祭りは祭りとして社会的な機能を果たし，それが制度とされることによって定着し，そうした実践が繰り返される中からアレンジが加えられ，そこから新たなイノベーションが生まれる。ここではコトの意味はすでに潜在的になっており，人々はその意味をいちいち考えることなく実践している。

　コト焦点のケースをことばで解釈するとどうなるか。かすがい KIZUNA は環境教育の新しいモデルとしてコトづくりが成功した事例であった。ことばの論理によれば，それが立ち上がるまでには，地域のキーパーソンたちの活動への巧みな意味づけによる政策支援の獲得や，地域のさまざまな未利用資源の新結合があったと説明される。彼らは環境教育の重要性，地域に根差した大学教育を進めようとした各省庁や地方自治体の政策的な要請をうまく活用して，新しい組織づくりを開始した。小学校への環境教育プログラムを作成していく過程では，総合学習の時間を活用し，大学の研究者や学生，地域の環境ボランティアなどの，人的リソースを動員した。それは環境教育やボランティアの活動に多くの人々を集め，さらには立場を異にする人々の間に教え合い，学び合いの輪をつくることに成功した。その成功のプロセスで

は，もちろんコトの論理が強調するように，さまざまなコトの巧みな組み合わせによる新しいコトづくりがあったことは言うまでもないが，その背景には環境，教育，地域，学習，交流などへのポジティブな意味づけがあり，それに賛同した人々のパッションこそがこのコトづくりを可能にしたのであった。

5 モノ，コト，ことばに焦点を合わせる意義

　モノ視点として紹介された森下仁丹の事例に駒村氏の行為があったように，シームレスカプセルという名称があったように，コト視点やことば視点で理解することもできる。コト視点として紹介されたかすがいKIZUNAの事例にビオトープというモノが不可欠であったように，教え合い・学び合いに不可欠な新たな意味づけのことばが存在するように，モノ視点やことば視点で理解することも可能である。ことば視点で紹介された新エネルギー開発の事例に太陽電池というモノが不可欠だったように，ことばを裏づける人々の行為（コト）が不可欠なように，モノ視点やコト視点で理解することが可能である。

　世界はモノだけで構成されているわけでなく，コトだけで構成されているわけではなく，ことばだけで構成されているわけではない。モノ・コト・ことばで構成される世界であるから，1つの事例が多様に解釈可能であることは間違いがない。したがって，モノ視点への焦点あわせは同じモノに対峙しながら別のコトをする可能性を見逃すかもしれない，あるいは新たな意味づけを表現できない可能性も指摘できる。コト視点への焦点合わせは，コトを誘導している環境を見逃すかもしれない。コトに共通の意味を与えられない可能性も指摘できる。ことば視点への焦点合わせは，モノ・コトによる裏づけという実在性との関連を希薄にするかもしれない。1つの見方に焦点を合わせることは他の見方を捨象して，別の理解を妨げる可能性がある。しかし他方で，焦点を絞り，多様性を排除することで，多様で複雑な現象群から理論を導くことが可能となる。モノに，コトに，ことばに焦点を合わせること

の意義をもう一度確認してみよう。

(1) モノに焦点を合わせる意義

　これまで見てきたように，イノベーションを実現する際に，モノだけの論理で成し遂げることには確かに限界はある。コトの論理から言えば，モノの新たな使い方や利用の仕方，価値を見出すためには人の行為が伴う必要があると指摘された。ことばの論理から言えば，異なる合意指標を持つ人々がモノを扱う際には，モノの物的特性や文化的意味を定義することばを用いた意味創出がなされる必要があると指摘された。これらの指摘は確かにその通りであり，イノベーションにとってコトやことばが全く必要でないということは決してできない。しかしながら，ここではイノベーションを分析する際に，モノに焦点を合わせることの意義について明らかにしたい。

　ではまず，議論の最初の出発点に立ち戻って考えてみよう。そもそもイノベーションとは何だったのか。本書では，イノベーションを広くとらえ，「社会的な営みであり，社会の水準で知識を生み，活用する営み」として定義した。このように考えるのであれば，分析対象となる「あるイノベーション」というのは，多くの人々が誰でも知っていたり使用したりしている状態に社会的になっているはずである。ここで誰もが知っていたり使用している状態を社会的に構築するために不可欠なものは何かと逆に考えてみよう。そこでは，共通の行為が必要なのであろうか，それとも共通のことばが必要なのであろうか。

　たとえば，かすがいKIZUNAや太陽電池ではどのような時点でこれらがイノベーションとして確立したと考えたらよいのか。かすがいKIZUNAであれば，ある地域の人々が環境教育としての「行為」を繰り返しのパターンとして維持することに成功したというのがイノベーションであった。太陽電池開発の場合では，未だ実現していない将来像を描き出す「ことば」を発明したことによって資源動員に成功したことによって実際に太陽電池を開発されたことがイノベーションであった。このように見てみると，確かに行為や

ことばは重要である。

　しかしながら，環境教育の真っただ中にいる教員や保護者，学生，生徒，児童ではなく，その周辺にいる人たちはどのように感じているのか。太陽電池の開発に当たっている事業者や技術者ではなく，その周辺にいる人たちはどのように考えればよいのか。環境教育であれば，周辺の人々がかすがいKIZUNA が環境教育という行為を行っていると認識するためには，使っている教材や観察しているビオトープの存在が欠かせないのではないであろうか。また太陽電池の開発であれば，開発されて実際にどのような製品が生み出されたのかを見ることによって初めてイノベーションが起きたと認識されるのではないだろうか。開発企業にとっては資源動員のために補助金が交付されることはイノベーションを成し遂げるために必要不可欠なものであるが，補助金が交付された時点でイノベーションが達成されたとは通常は考えないであろう。なぜなら，開発費を投じても実際に実現に失敗することも現実にはありうるからである。

　このように考えれば，社会的に広く認識されるためには，どのようなモノが使われているのかを見たり（かすがいKIZUNA では教材やビオトープ，里山など），どのようなモノが開発されたのかを確認すること（太陽電池開発では太陽光パネル）で，どのようなイノベーションが起きたのかを明確にすることができる。要するに，イノベーションを分析するのに，モノに焦点を合わせることで何から何に変化したという説明や何を用いて行われるというように説明ができることになるのである。これがモノに焦点を合わせることの第1の意義である。

　次に，モノの有形性や物的特性といった側面から考えてみよう。イノベーションの普及を考えた場合，モノの有形性や物的特性は，離れた場所や時間に伝えることを容易にさせる。コトの場合は，新しい行為が行われたとしても比較的近傍の場所や時間であれば見たり一緒に行ったりすることは可能であるが，遠くに離れている場合にはどのように行えばよいのかわからなかったり，同じようには再現できなかったりするであろう。たとえばピラミッド

は，それが現存するので過去につくられたということがわかるけれども，現在そのつくり方（行為）については失われている。もちろん現在の技術力があればピラミッドと同じ構造のものを再現することはできるかもしれないが，もしできたとしてもつくり方は異なるであろう。かすがい KIZUNA も将来何かの理由で環境教育が途絶えてしまった場合にも，教育に使った教材や資料が残されていれば，実際に行われていたことが後からでもわかるし，再度同じように環境教育を行うこともできるであろう。ことばの場合は，コトの場合よりも比較的容易に遠くの場所や時間に伝えることができるが，ことばの持つ曖昧性や多義性によって，異なる意味で捉えられてしまうこともあろう。さらに言えば，ことばにすることができない場合もあろう。芸術作品のように素晴らしいデザインだといった場合，それをことばで正確に表現することは容易なことではない。百聞は一見にしかずという諺もあるように，モノを提示することには非常に大きな意義がある。

　第3の意義は，逆説的ではあるが，イノベーションとしての行為（コト）やイノベーションの説明（ことば）をするためにモノが必要であるということである。コトは何もない真空の場でなされるものではなく，舞台装置（状況設定や小道具）というモノが必要であり，これらのモノがあるから行為することができるのである。また，これがイノベーションであるとかイノベーションになると表現する（ことば）ためには，それを表現するための内容であるモノがやはり必要になる。モノに焦点を合わせながら人々の行為を表現することで，どのようなイノベーションが実現されたのかを我々は理解することができるのである。

(2)　コトに焦点を合わせる意義

　ここではモノ・コト・ことばの関係性をあえて断ち切って考えてみたい。たとえば，コトとことばとは関係なく存在するモノ（純粋にモノのみの存在）とは何だろうか。ことばで語らず，コトとも関係なく，存在する具象物というのは確かにあり得るであろう。次に，モノとコトとは関係なく存在す

ることば（純粋にことばのみの存在）とは何だろうか。モノもコトも関係なく，存在することば，たとえば，モノやコトを根拠にしない表象あるいはまだモノやコトとして実現していないことばというのも存在する。真っ赤なウソや空想や妄想等がそれにあたるであろう。最後に，モノともことばとも関係なく存在するコト（純粋にコトのみの存在）とは一体何であろうか。コトとは，人間の行為である。モノがなくとも，ことばを発することがなくとも，人間の行為は存在する。時間軸も含めて人間の行為を考えると，その場限りの1回きりの行為もあるが，繰り返され，パターン化されることによってルーティンになる場合もあり，さらにそうしたルーティンの束が体験を通じて伝わることで，時代を超えて引き継がれることや，その社会に制度として定着する可能性もある。ルーティンや制度を考える場合には，ことばやモノと独立してとらえることはほとんど不可能であるが，それでもコト，すなわち誰かの行為が出発点になっていることがコトづくりの独自性になっているといえるであろう。換言すれば，コトの創出において，モノでもことばでもなく，誰かの行為が出発点になっているのが，コトづくりの独自性であろう。

　さらに，ここでは，モノ・コト・ことばをあえて切り離したそれぞれの普及について考えてみたい。モノの普及には，象徴となる，あるいは不可欠な具象物の存在（たとえば，カップラーメンやハイブリッドシステムなど）がある。既存の確固たるモノの存在は，普及のプロセスにおいて，逸脱可能性あるいはバリエーションが生じる可能性は相対的に低いであろう。それでももし，モノが既存のモノから逸脱した場合，その逸脱の程度にもよるが，大きく逸脱したものは，イノベーションよりむしろインベンションと呼べるかもしれない。

　ことばの普及は，たとえばテキスト化された文書やネット上で言語化されたものが媒介することによって生じる。不老不死の薬や錬金術など，モノやコトの裏づけのないことばであっても，ファンタジーとして広く普及していることばは数多く存在する。

　そして，コトの普及には，キーパーソンによる経験の共有（人をメディア

にすること）が必須であり，そのことによって，モノがなくともコトは実現するし，ことばで表現しきれない何かも伝わる。ただし，コトは，モノと違って，「その場限りの体験」に裏づけられていることから，再現性の精度が低く，バリエーションが生まれる可能性や逸脱可能性は相対的に高いが，普及させにくい側面を持っているといえるであろう。

当然のことながら，一度生じた具象物であるモノが消滅するには意図的に使用したり，処分したり，時の経過を待つことが必要であるが，ことばやコトは，数多く生まれては消えていく泡のような存在で，相対的にモノと比較すると存在が脆弱であるといえる。したがって，コトを存続させるためには，確固たるモノ（この場合は広義のモノ）にしていく，たとえばルーティンの束で形成された組織をつくる，制度として社会に定着させる，そのコトを示すことばが社会で認知されることで，場所や時間を超えて，そのコトが生き残る可能性が増えるであろう。

コトに焦点を合わせる意義を改めて考えると，モノやことばの強い支持を得ていなくてもイノベーション，特に社会的イノベーションが起きる過程を理解するうえで，コトへの焦点合わせは力を発揮する。ある限定された期間や地域におけるミクロレベルのコトづくりは，地域密着型の町おこしやコミュニティの活性化のプロセス理解に欠くべからざる概念であろう。

(3) ことばに焦点を合わせる意義

ここでは再度ことばに焦点を当てることの意味を明らかにしておきたい。モノ焦点のケース，コト焦点のケースへの言及した際にすでに記したように，純粋なモノやコトでイノベーションの論理を組み立てるとするならば，モノやコトの意味があえて問い直される必要はない。当たり前のことであるからこそ，そこには反省を必要とすることなく継続的に続くモノやコトの論理が現れるのである。そうした際にはモノやコトの改善の方向性はほぼ自明とされ，その方向に向けての諸々の努力がなされた結果としてイノベーションが起こる。あるモノを見て多くの人間が同じことを感じるなら，もしくはある

コトに対して多くの人間がその意味を問わずに実践し続けるなら，そのモノやコトには一定の確固とした意味や価値があるように見える．社会に方向が定まったモノやコトの見方があり，人間がそれを手がかりに自らの行動を選択し，その結果としてそこにイノベーションが生まれるならば，そのプロセスを観察することには実用上の大きな価値がある．そこにはモノの論理，コトの論理があり，それそのものが実在することを前提にして，人間は新たな差異を発見しようとするからである．

しかし，またモノを弄び，コトと触れ合う自分自身の行為にまなざしを向け，それを表現することで，自らの行為を反省する高度な能力は人間の所産である．人間はことばを通じて自らの振る舞いを再解釈する．反省は確固とした意味や価値を問い直す．そうしたことからまだ見ぬ未来に射程を置き，劇的に大きな新しい差異が生まれることもある．それこそが，ことばを通じたイノベーションの1つのあり方である．

ことば焦点のケースでは，再生可能エネルギーである太陽光発電システムの開発を題材に，ナショナル・プロジェクトが長期的に継続され，さまざまなイノベーションが生まれてきた過程が観察された．今度は反対にこれをモノやコトの論理で説明し，その不足を指摘してみることにしよう．

これを純粋に技術的なモノづくりの視点で考えてみれば，この目標達成にとって重要なことはまずもって安価で高性能な太陽電池を開発することであり，そのためには公的な研究機関や企業の研究開発部門におけるイノベーション誕生のプロセスに目が向けられることになるであろう．開発に携わる者たちは，それらはさまざまな方式を実験的に提唱し，それらを並行的に開発し，優れたものを残し，劣ったものは中止する．数々の試行錯誤の中で，優れた技術者の科学的推論や合理的意思決定が，技術研究開発の成功をもたらし，優れた太陽電池をこの世に誕生させるであろう．この視点に基づけば，技術の論理の解明と，複数方式間の合理的な選択，あるいは異なる複数方式の融合こそが，太陽電池のイノベーションにとって最も重要なことである．実際にナショナル・プロジェクトにおいても数々の試行錯誤がなされた．

しかしながらここで重要なことは，前もって有望な方式が科学的に自明でなく，かつすべての方式の試行錯誤がなされる資金的余裕もない中で，それでも人が多額の資金を投下する意思決定の理由を説明することである。そのことをモノの論理は説明してくれない。いくらモノを眺めていても，それが成功するという保証を得ることはできない。モノの中に最終的には何らかの機能がなければ，開発が成功しないというのは当然であるが，その機能が発見されるかどうかわからないなかで資金を投入する際にはそれにどのような意味が付与されるかによる。もちろんそれが成功する保証はないが，他社に先駆けた思い切った戦略的な資金投入が成功を引き寄せる例は世の中に多い。意思決定は不十分な情報の中で行われるからこそ決断と呼ばれる。そうしたなかでの人間はことばの力に依存して跳躍をするしかない。

　一方，制度的なコトづくりの視点で考えてみれば，重要なことは太陽電池開発のための人々の協力が達成されることにある。努力が継続されれば，その結果，いずれ優れた方式が発明される可能性が高まる。そのためには開発プロジェクトが巧みに設計され，現実の状況に応じて適宜修正され，開発に関わった複数の主体が協調して全体の目標をかなえようとしたことなどが，太陽電池のイノベーションにとって重要なことだったと考えられる。実際にいったんナショナル・プロジェクトが形成された後は，プロジェクトを通じた数多くのイノベーションが生まれた。

　しかしながらここで重要なことは，ナショナル・プロジェクトを組織しようとする試みそのものはどうやって生まれたのかを説明することである。コトがいったん始まれば，その後にコトがイノベーションを発生させることは認めるにせよ，そもそもそのコト自体が最初に立ち上がる以前には，コトが成立していない時点においては，それが成功するという確実な保証を得ることはできない。意思決定は不十分な情報のなかで行われるからこそ決断と呼ばれる。そうしたなかでは，やはりそうしたなかでの人間はことばの力に依存して跳躍をするしかない。

　そうした活動が継続することが持つ本質的な意味の提示，より長期的なメ

リットによる説得，あるいは未来に対する約束が必要であった。そこにこそ，モノやコトの未来の方向性に対して，ことばが果たす合意の指標としての役割があるのである。

6 結　語

　第6章ではモノに焦点を合わせて，第7章ではコトに焦点を合わせて，第8章ではことばに焦点を合わせて，社会の水準で知識を生み・広げ・活用する営みとしてのイノベーションを考察し，そして本章ではこれらの焦点合わせの限界と意義について考察してきた。

　モノに焦点を合わせて考えることの優位は，モノの実在性による理解の安定であろう。とはいえ，モノが常に安定性に寄与するわけではない。仁丹の容器と理解されていたシームレスカプセルは，仁丹から容器に注意の対象を移すことで，シームレスカプセル入りの多様な製品を生み出していった。

　コトに焦点を合わせて考えることの優位は，個々のコトの刹那性によるバリエーション発生の説明力であろう。とはいえ，コトが常に不安定ということではない。祭事におけるコトがそうであるように，繰り返し実践されてきたコトは簡単に変化することはない。

　ことばに焦点を合わせて考えることの優位は，未来に向けての社会的水準での意味付与の合意形成力であろう。とはいえ，ことばによる意味付与が常に未来を向いているわけではない。ことばはまず，過去に存在したパターンを表象するものであり，未来はその組み合わせで表象されている。

　第5章で示したように，モノ，コト，ことばのいずれに焦点を合わせようと，イノベーションを理解するためには，新たな何か（異）だけでなく，それまでと同じ何かにも注目することが重要である。社会的文脈を変化させるイノベーションの理解では，モノ，コト，あるいはことばが持つアンカリング効果に注目すべきであろう。アンカリング効果は認知心理学の分野では，「最初に示された数字などの情報（アンカー情報）が印象に残り，その後の

判断全体に影響を与えること」であるが，本章では，数的過程としてではなく意味的過程として，提示されたモノ，コト，ことばがその後の意味付与に影響を与えることとしてとらえている[1]。

　モノはその物的特性で引き起こすコト（モノの意味）を制約する。馴染みのあるモノによって引き起こされるコトは安定している。新奇なモノは社会的に意味が定まっていないために多様なコトを引き起こすが，その意味はモノの物的特性に依存する。モノの物的特性に注目すれば，液体を固体化させるシームレスカプセルの利用が液体を分離した状態で運ぶことに集中するように，新奇なモノであってもアンカリング効果が発生する。新奇なモノのどのような特性に光を当てるかによって，イノベーションの方向づけにも光を当てることができる。

　コトの伝播では手本となるコトの模倣が基本となり，社会的に馴染みのあるコトは安定して実践される。他方，新奇なコトの模倣では多様な亜流が生み出される可能性があり，類似ではあっても多様なコトが広まる。初期の手本であるかすがい KIZUNA の活動がアンカーであるから，そのサブセットが多様に展開していても，それはかすがい KIZUNA の広がりと理解される。起点の手本に光を当てることでイノベーションの多様な広がりにも光を当てることができる。

　馴染みのあるモノやコトだけでなく，新奇なモノやコトが提示するアンカリング効果によって社会的文脈の変化であるイノベーションはダイナミックに進行するが，モノ・コトの世界での進行だけであると社会的な広がりや速度は望めない。ことばはモノ・コトの世界で生じるアンカリング効果のダイナミズムを増幅する。ことばはモノの持つ物的特性の共通性を社会的水準で固定化し，バリエーション豊かなコトの共通性を社会的水準で固定化する。モノ・コトの世界と表象の世界（ことばで表現された世界）の相互作用で知識の変化と普及のダイナミズムが社会的水準で展開される。

　第6，7，8章では，イノベーションの理解にあえて，モノ，コト，ことばのみに焦点を合わせて議論を展開し，本章では，それぞれの立場から他の

立場についての見え方を議論し，焦点を合わせることの意義を議論した。当然のことながら，現実のイノベーションは多様な側面を持っており，単一の見方に焦点を合わせるだけでは理解が困難な現象であろう。各章で紹介されたイノベーションの事例が示しているように，そのダイナミズムを理解するためには，モノ，コト，ことばのアンカリング効果に注目すると同時に，それらの相互作用に注目する必要がある。本書全体の視点に立てば，その相互作用の鍵を握るのがことばによる表象であり，ことばの持つ社会的水準での意味形成効果ではないだろうか。

（内藤　勲，古澤和行，寺澤朝子，島本　実）

◉注
1　数的過程と意味的過程の違いについては杉本崇・高野陽太郎（2011）を参考にした。

第10章

知の形成と表象の役割

1 個人水準の知から社会水準の知へ

　我々は馴染みの物事についての知識を持っている。新しい物事についての知識を得ることができる。では，そのような知識を持っている主体は何であろうか。その知識を形成し，利用する知の主体は何であろうか。素直に我々の日常感覚に従えば，その主体は個人であり，知は個人の主観と考えられる。しかし，それほど単純な問題ではない。社会におけるルールや制度についての知識は個人が単独で形成し，利用するものではない。知識を個人が記憶していることは否定しないが，知識が「社会」にあると考えることもできる。盛山（1995）が述べているように個人の主観から出発して制度を論理的に語ることは困難である[1]。

　ウィレイ（1988）は個人だけでなく，それを超えるマクロな水準まで4段階の分析水準の主観性について述べている（**図表10－1**）。以下では，この分類を基盤として個人の知から社会の知へと論考を進めよう。

(1) 素朴な個人水準の知―内主観知

　個人が対象物と相互作用してその対象物について知ることは，その個人的な相互作用だけに着目すれば純粋に個人的な知である。たとえば，ボールを蹴ることからの知識形成を考えてみよう。多少凸凹のあるグラウンドという

図表10-1 ウィレイの記述に基づく主観性の分類

水準		主観性の種類
個 人	1．個人	1．内主観性（Intra-subjectivity）
	2．相互作用	2．間主観性（Inter-subjectivity）
社 会	3．社会構造	3．集主観性（Generic-subjectivity）
	4．文化	4．超主観性（Extra-subjectivity）

状況のなかで対象物であるサッカーボールを壁に向かって垂直に蹴ってみる。ボールは地面の凸凹で少し方向を変えながらも真っ直ぐに転がって壁にぶつかり，自分の所へ跳ね返ってくる。蹴り方を変えて回転を加えると，ボールは曲がりながら転がって，壁に角度がついてぶつかり，自分の所からはずれて跳ね返ってくる。何度も繰り返せば，蹴り方と地面と壁の状況でボールがどのように転がるかがわかり，ある程度は自分が望むように蹴ることができるようになる。技能とも呼ばれるこのような知識は他者の介在を必ずしも必要とせず，自分だけの知である。内主観性に依拠するこの知はウィレイの用語を使えば内主観知（intra-subjective intelligence）ということになる。

(2) 他者を組み込んだ個人水準の知－間主観知

内主観知を持つ者が同様に内主観知を持つ他者と相互作用して知を得ることは，他者の内主観に相互制約される間主観性の知を得ることであり，これが間主観知（inter-subjective intelligence）となる。この個人水準の間主観性については，意図や情動の共有を巡る「心の理論[2]（theory of mind）」として発達心理学において近年盛んに研究が進められている。「心の理論」とは，ある個体が自己または他者の心の状態，目的，意図，知識，信念，思考，疑念，などを推測する心の機能のことである。

他者についての知の原点は内主観知を持つ者同士の2項関係の相互作用であり，「私」と「あなた」の関係として記述される。発達心理学において，この2項（者）関係の間主観性は第1次間主観性とも呼ばれて乳児期の初期

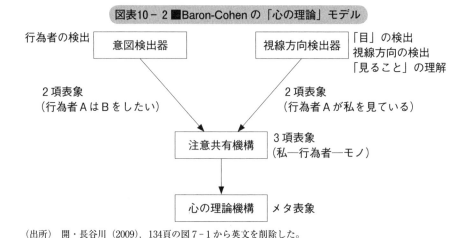

(出所) 開・長谷川（2009），134頁の図7-1から英文を削除した。

（0〜8カ月，行動と情動の共有の時期）に形成されると考えられている。この時期には，①乳児からの表現，②母親を模倣する乳児の応答，③母親の話しかけ，④乳児を模倣する母親の応答，のような多様な2者間の相互交渉が行われ，(a)表現と応答が同時，(b)母親がイニシアチブを持ち乳児が応答する，(c)乳児がイニシアチブを持ち母親が応答する，というような段階を経て「心の理論」の基礎が形成されると考えられている。近年，ミラーニューロンの研究によって，こうした模倣による行動や情動の共有という間主観性の神経学的背景も解明されつつある（長崎・中村・若井・吉井，2009）。

　図表10−2に示されるような「心の理論」の成立は4歳頃と言われているが，そこで重要な役割を果たすのが「9カ月の奇跡[3]」とも呼ばれる3項関係の出現である。この3項関係の相互作用による第2次間主観性から「心の理論」成立までの過程について，熊谷（2004）は**図表10−3**のような発展段階モデルを提唱し，各段階の特徴を**図表10−4**のようにまとめている。表象手段に見られるように，「心の理論」が成立することは，自分と同じように思考している他者との関係に制約された「事物・行為」や「出来事」，「文脈」の理解が可能になることを示している。

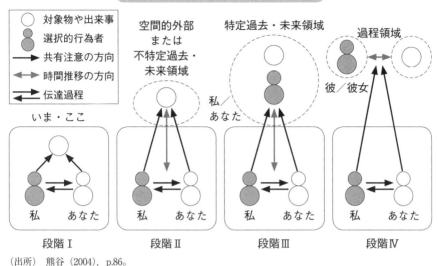

(出所) 熊谷（2004），p.86。

　たとえば，サッカーボールを蹴る様子を監督が見ていて，その蹴り方について監督が反応している場合，その蹴り方・弾み方・転がり方の組は単なる個人的な評価ではなく相互作用的な評価となる。このような単純な3項関係的相互作用であっても選手である「私」と監督である「あなた」の関係の中で，「私」が対象物である「サッカーボール」について持っている内主観知はそれを使ってどのような蹴り方をすればよいのかという間主観知へと拡張されている。こうした相互作用には必ずしも言語は必要ではない。言語を組み込んだ議論は後で展開することとして，ここでは内主観知は私が持っている「私」の知であり，間主観知は私が持っている「我々」の知である，ということを強調しておきたい。我々関係によって私の内主観知は私の間主観知へと拡張されることになる。

(3) 個人から社会へ

　図表10−3や図表10−4に示された段階Ⅳでは，「私」と「あなた」の関

係の中に第三者が登場し,第三者の立場理解がなされるようになる。これは間主観知の中に「彼等」の関係が含まれていることを意味している。「私があなたを殴れば,あなたは怒る」のような我々関係を「人物Aが人物Bを殴れば,人物Bは怒る」のような彼ら関係で記述し直すことを客観化と呼び,彼ら関係を我々関係に記述し直すことを主観化と呼べば,先に述べた間主観の水準において,客観化によって我々関係を間接化したり,主観化によって彼ら関係を直接化できることになる。このような客観化や主観化によって,私の常識的思考の類型的構成物の働きによって,私が自明と見なしている世界の部分は,個性的な他者であるあなたにとっても自明なものであり,さらには我々にとっても自明なものであると仮定できることになる(シュッツ,1970,訳書 pp.174-175)。

しかし,「私」の間主観をこのような自明視でとらえる限り,社会水準での「我々」の間主観を語ることはできない。盛山(1995)は間主観性について次の3つの意味を提示し[4],その成立を根拠づけることはできないとして

図表10-4 4視点に基づく各段階の特性

視点＼段階	Ⅰ	Ⅱ	Ⅲ	Ⅳ
活動領域	〈いま・ここ〉の中	〈いま・ここ〉の内外	〈いま・ここ〉と過去・未来の関連	〈いま・ここ〉の外部同士の関連
認知される行為主体	〈私〉と〈あなた〉(いま・ここの中で)	〈私〉と〈あなた〉(行為の表象伴う)	〈私〉と〈あなた〉(過去未来展望の中で)	第3者の立場理解(行動文脈の一般化)
表象手段	前表象段階(実物提示など)	事物・行為表象(言語獲得)	出来事事象(Wh質問等)	文脈表象(ナラティブ標識)
つまずき例	ジョイント・アテンションの未成立	折れ線現象	情報交換不成立	「心の理論」欠如

(出所) 熊谷(2004),p.85。

いる。

① 他者の感覚や意識や思考や知識の内容が別の行為者によって理解され知られるということ。
② 世界についての知識が異なる行為者の間で共通であるということ。
③ 世界を理解する様式が異なる行為者の間で共通であること。

　ウィレイ（1988）が「創発（emergence）」をキー概念として提示して，水準間の関係を記述しようとしているように，要素還元主義や方法論的個人主義の立場で厳密な議論を展開すると個人の議論から社会の議論へと水準を超えることはできなくなる。しかし，「社会水準」を創発という用語で個人水準から切り離し，個人水準のアナロジーだけで社会水準の分析を進めることは理念的には問題を隠しているに過ぎない。社会水準の知を議論する際には，たとえ理念にとどまるものであったとしても，社会水準の知の存在を受け入れたうえで，個人から社会への影響過程と社会から個人への影響過程を提示することが必用である。
　先に触れた「心の理論」が幼児期に確立されることが発達心理学における多様な実験で証明されており，ミラーニューロンなどその神経学的な裏づけも得られ始めているとはいえ，既述のように，個人水準の間主観知を社会水準の知に単純に拡張することはできない。繰り返しになるが，「社会水準の知が創発されて存在している」ことをまず受け入れることが出発点となる。ここではウィレイの示した社会水準の主観性を参考にして社会水準の知―社会知―を超主観知と集主観知に分解し，個人水準の間主観知との関係について分析を進めよう。

2 社会水準の知

(1) 社会水準の知の原点－集合的間主観知

　社会[5]を構成している人々がそれぞれに持っている間主観知を重ね合わせた「間主観知の重ね合わせ集合」を考えてみよう。集合演算で和集合は複数の集合のいずれかに属する要素から成る集合である。ここで述べている「重ね合わせる」とは，ある要素が演算対象とされている複数の集合のいくつに含まれているかという情報を保持した形で和集合演算を行うことである[6]。重ね合わされる集合の多くに含まれる要素を濃く，少ない場合の要素を薄く，1つの集合にしか含まれていない要素を最も薄く表現すれば，濃淡のついた和集合と考えることができる。視覚イメージとしては，濃淡あるいは厚みのある雲のようなものと考えればよい。

　それぞれの間主観知の中の他者は直接的に相互作用した経験を持つ他者だけではなく，直接相互作用した他者を経由して間接的に相互作用している他者も含まれている。我々はそのような他者（あるいは社会）に関する間主観知が他者においても同様であろうと自明視して日常生活を送っている。諸個人の意味世界が同一であれば，我々が自明視している間主観知はすべて同じである。すべての間主観知が同一であれば，それらを重ね合わせた「間主観知の重ね合わせ集合」も同じものということになる。

　個々人の意味世界は完全には同一ではない[7]が，「心の理論」などが示しているように，個々人の意味世界には何らかの共通性を認めることはできよう。厳密に一致している共通性ではないし，社会のすべての構成員に共通するわけではないだろうが，日常生活において同一の間主観知を自明視して行為を行っても大きな問題とならない程度の共通性は持っていよう。そのような完全ではないけれども似ているという「概ねの共通性」を相似性と呼び，メンバーの中の多くに相似性がある状況を集合的相似性と呼ぶことにしよう。こ

こで，社会における「間主観知の重ね合わせ集合」の集合的相似性が高い部分集合[8]（これを集合的間主観知と呼ぼう）は，数学的には共通部分を表す積集合ではないが，理念的には相似性に基づいたファジーな積集合と考えることができる。

相似性の対象となる事実（現象の文脈的理解や類型的理解）や知識に応じて相似性を持っているメンバーの組み合わせは多様であろうし，ある事実や知識に対する任意のメンバー間の相似性の程度も多様であろう。しかし，相似性に基づいたファジーな積集合としての集合的間主観知はもはや私の間主観知ではなく，我々の間主観知となっている。これが社会水準の知—社会知—の基盤となる。

(2) 語ることができない社会知—超主観知

人類が石器を手に入れた瞬間を見た人はいない。しかし，ギニアのボッソウやコートジボワールのタイ森林におけるチンパンジーの研究から人類が石器を入手した過程が垣間見える[9]。これらの地域のチンパンジーは石を使ってナッツを割る。石を道具として使っているという点で，最も初歩的な石器であろう。自然に存在するものにチンパンジーにとっての意味を与えて，人工物（チンパンジー制作物）を制作したことを意味している。時に，チンパンジーは台となる石の下に楔(くさび)となる小石を入れて台石を水平にしようともする。道具の使用は1頭だけが行うのではなく，その地域に住んでいるチンパンジーの多くが同じようにナッツを割って食べている。母チンパンジーがナッツを割る様子を見て，子チンパンジーはナッツの割り方を学ぶという。こうした高度な道具の使い方はどこのチンパンジーにも見られるわけではない。ホワイトン＆ボッシュは，「ナッツ割り」だけでなく，「シロアリ釣り」や「葉に座る」，「棒で掻く」，「ハエをはたく」などのチンパンジーの文化的行動が群れによって異なることをまとめている。

チンパンジーが文化を持つことからもわかるように，個人水準の間主観知の形成には必ずしも言語の使用は必用とされない。言語化されない間主観知

であっても，十分に長い時間をかけて，安定した間接的相互作用（他者を介在した相互作用）を繰り返すことで，たとえ社会の構成員が多くとも，直接的相互作用による間主観知を超えた広がりのある集合的相似性は確保されうる。言語を前提としないで多様な相互作用で構築される集合的間主観知が超主観知（extra-subjective intelligence）である。超主観知は，特に語られることはないけれどもその社会の構成員の相似的な行為を律しているものであり，いわばその社会の文化である。

　言語は超主観知の一部であり，文化の発現の一形態である。もちろん，成立した言語の利用が文化を変化させる循環はある。しかし，超主観知としての文化がなければ言語は言語として機能しない。言語は同一文化の中でなければ言語としての機能を有しない。この文化に支えられた言語を使用して，我々はそれぞれの間主観知を相互作用させる。

　言語とはモノやコトあるいはそれらの関係，さらには概念につけられた名前（名称）[10]の総体である。名称は個人的に創ることも可能ではあるが，諸個人の相互作用の結果として，超主観知としての文化を背景として社会的に創られる。我々はさまざまな名称からなる言語を道具として使い，概念の絡み合いとしての知識を作り，それを再び道具として利用して個物や体験世界を理解し，体験世界での働きかけを行う。このように，言語は知る能力を拡張する社会的な道具であり，言語を通じて間主観知を交換することで，我々は個々の間主観知，さらには超主観知を豊かにすると同時に，超主観知とは別種の社会知を持つことになる。

(3)　語られている社会知─集主観知

　我々は言語を使って，体験的に知ったモノやコトの世界を表現する。その際，言語的表現は表現者から離れて流通可能な表象となる。表象そのものは物的担い手を必要とするモノであり，表象（あるいは表現）するという行為を必要とするコトである。表象そのもの，表象すること，すなわち言語で表現することそのものはモノ・コトの世界（体験的世界）の現象であり，個物

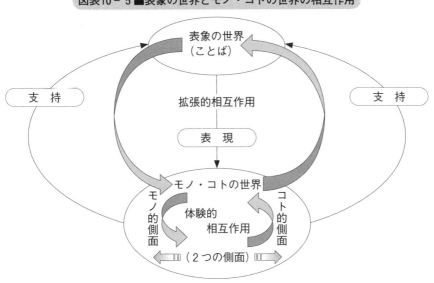

図表10-5 ■表象の世界とモノ・コトの世界の相互作用

(注) 図表5-3再掲。

としての現象である。また，自らが経験している現象を表象する人にとって，表象している内容（言語で表現している対象）はモノ・コトの世界の現象であり，個物としての現象である。

　しかし，いったん表象されてしまえば，その表象は書き記したモノや印刷したモノ，録音したモノのようにモノとして存在することになり，表象するという現象や表象の対象としての現象とは別の存在となる。別のモノとして存在することになった表象をその表象の最初の表象者とは異なる者が使用するときには，その表象が表象している内容の経験は直接性を失う。さらに，モノとしての表象を扱うコトによって本来は指示していたモノ・コトの世界とは切り離された表象として扱うことも可能となる。我々は，モノ・コトの世界（体験世界）を言語で表象している。それが表象の世界である。我々はモノ・コトの世界での存在を知る前にそれを表象で知ることもできる。モノ・コトの世界を表象で伝えることもできる。

超主観知の背景となる個人水準の間主観知の形成に関連して，我々関係を間接化する際の客観化の役割を指摘した。この間接化は客観化だけではなく，表象化によっても可能である。
　直接に経験できるモノ・コトの世界で直接的相互作用をモノ・コトの世界の中にある道具で間接化したとしてもその相互作用のつながりはやはりモノ・コトの世界の中にある。たとえば，素手で土をいじるのではなく，手袋を使って手と土の関係を間接化しても，手と土の関係はモノ・コトの世界の中にとどまっている。遠くの知人にプレゼントを直接持っていく代わりに宅配サービスを使ったとしても，知人にプレゼントするという関係はモノ・コトの世界の中にある。しかし，言語という道具によって体験世界での相互作用そのものを表象化することで，相互作用そのものが間接化される。体験世界での相互作用を，他者が介在する相互作用も含めて体験的相互作用と呼べば，相互作用そのものが表象化を通じて間接化され，拡張されるという意味で，表象の世界が介在する相互作用は拡張的相互作用と呼べる。表象化された知とも言える，拡張的相互作用によって得られる知が集主観知（generic-subjective intelligence）である。
　我々は経験の相互作用（体験的相互作用と拡張的相互作用）を通じて意味世界を形成している。経験的相互作用はモノとコトとの相互作用だけでなく，類型的理解と文脈的理解の相互作用でもある。すなわち，表象化される経験的相互作用は体験世界だけでなく，現象の文脈的理解や概念ネットワークである知識といった意味世界も表象化している。表象の世界は表象化による体験世界の写像だけではなく，意味世界の写像でもある。体験世界・意味世界と表象の世界との拡張的相互作用が我々の知る能力を拡大してきたのである[11]。

3 秩序化と表象

(1) 秩序化の次元

　社会知の形成機能を持つ表象が我々の世界において果たしている役割は多様であるかもしれない。ここでは，社会の形成―秩序化―における表象の役割について考えよう。そのために，社会的秩序化の1つの姿である『組織』を題材にしてみよう。組織とは，一般的に「意識的で，意図的で，目的を持つような人々相互間の協力システム」と定義される。この定義を見てみると，2つの疑問が生じる。1つは，1回限りの協力が協力システムとしての組織を形成しているか否かである。もう1つは組織を構成している要素が「人」なのか「行為」なのかということである。

　協力の継続とはどのようなことであろうか。それは「再び同じ協力をした」という現在完了の事象だけでなく，「再び同じ協力をするだろう」という未来完了の事象も含む事柄である。組織概念の検討で問題となるのは，「同じ」という点である。もちろん，この「同じ」は細部にわたる状況まですべて同じということではないが，細部を捨象したうえで何が同じなのかということが問題となる。

　個人的な人間関係に注目すると，異なる行為での協力関係も生じる可能性が高い。すなわち，「同じ人」たちが，協力の内容である具体的な行為は異なっていても，何度も協力すれば，あるいは再び協力する可能性が高ければ，そこに協力の継続があるといえる。

　どのような行為が連結されるかは別として，同じ人々の間で何らかの行為が連結され続ける関係がある。家族がその典型である。そのような関係で行為の連結としての協力が繰り返されるとき，その「同じ人」たちはいわば「親密な他者」たちである。別言すれば，連結される行為に限定がないことが「親密さ」であるともいえる。極限の親密さを想定すれば，どのような協

力でも行われ，特定の人に特定の役割が与えられることはない。

　では，役割を限定することなくとも行為の連結があれば組織としての協力の継続と言って良いのだろうか。役割の限定をせずに多様な行為の連結を行っている「親密な」人々で構成されるものを「集団」と呼べば，集団は会社などでの活動を遂行するような組織とは異なっている。確かに，会社においても同僚同士であったり，上司と部下同士であったり，お互いに個人的な親密さを持っている。しかし，会社などでの業務が遂行されることは必ずしもそのような親密さを背景としているわけではない。同じ会社に所属する面識のない他者と行為を連結させることも少なくない。「親しさ」を基盤とする人間関係だけで表現できない関係性が組織には存在している。

　そのような仕事の中で生じた関係に注目すると，仕事に必要な行為の協力関係は何度も行われてきただろうし，これからも行われるだろう。すなわち，行為を提供する具体的な人物は異なっていても，役割としての同じ行為で何度も協力すれば，あるいは再び協力する可能性が高ければ，そこに協力の継続があるともいえる。

　では，同じ行為が連結されれば組織と呼べるのであろうか。たとえば，工場の製造現場であれば，前工程から後工程へと作業者が順序立てて自分の役割を果たして，その現場に託された目的物を作り上げていく。そこでは，同じ行為が繰り返し提供され，連結されている。しかし，このような行為の連結は社会のさまざまな場面で見ることができる。たとえば，宅配便の配達員と受取人の間では，受け取りへのサインによって荷物を渡すという同じ行為の提供と連結が行われる。知らない人同士，親密でない他者間での行為の連結としての協力ができる基盤を「制度」と呼べば，組織は制度ではあっても，制度は必ずしも組織ではない。

　先に例示したような製造現場には単に製造のための制度があるだけではない。そこで行為を提供している人々は互いに知り合いであり，親密な関係を有している。もちろん，初めてその現場で働く人は他の人を知らないし，他の人に知られていない。しかし，協力の継続で互いに知り合いになることが

前提とされている。すなわち，組織は単なる制度ではなく，行為提供者間に親密性が存在している制度と言える。

　ここまでの議論を総合すれば，組織は「①意識的に調整された人々の行為連結システムであり，②意識的に調整された活動をする人々の人間関係システムであるという二側面を同時に持つシステム」と再定義することができる。

　ここで，社会の秩序化に視点を戻そう。社会的な秩序としての『組織』はかなり強固な秩序ととらえられる。その定義に現れた2つの側面は，それぞれが社会の秩序化の表れである。親密さを基盤とする秩序化を集団的秩序化と呼べば，チンパンジーが群れて，文化を形成することが示しているように，そこでは必ずしも言語的表象は必要がない。それに対して，機能の提供を基盤とする秩序化を制度的秩序化と呼べば，そこでは表象化の過程が大きな役割を果たすと考えられる。以下では，制度的秩序化に焦点を合わせて，表象，特にことばの役割について考察を進めよう。

(2) 制度的秩序化と語り

　チンパンジーの世界では，雌はあまり狩りをしないという初期的な分業がある。このように，小さな集団であれば，集団的秩序化の延長としての制度的秩序化がことばを前提とせずに成立しうるだろう。しかしながら，より広範囲の制度的秩序化については，ことばが大きな役割を果たしていると考えられる。

　ことばの存在を前提とした制度的秩序化は，日常知に導かれる多様な目的を達成するための行為が単に連結されるということではない。制度的秩序についての語りを先行させることによって，意図的に被秩序化状態を形成する過程を含んでいる。制度的秩序を形成する行為についての類型，制度的秩序を形成する人々についての類型，制度的秩序を形成する連結についての類型，等についての構想を提示し，構想を受容し，構想を相互作用させることで，構想としての手段の一致を達成する。構想としての行為の連結，構想としての手段の一致が現実の行為を導き，行為の連結を導く。もちろん，現実の連

結や連結された行為が構想と同じとは限らない。しかし，現実の社会の中で進行する制度的秩序化とその受け入れの循環においては構想の交換が重要な役割を果たしている。

　我々が他者と相互作用するとき，人々の間の協力について何も知らない状態で相互作用するわけではない。我々は経験したことのある協力関係についての知識を持っているし，未経験であっても社会的にはすでにある行為連結のシステムに関する知識を持っている。たとえば，目の前で倒れた人を助けるための救急システムについての知識を持っている。あるいは，レストランでのフロア担当者の仕事やキッチン担当者の仕事，その連携について一般的なおおよその知識を持っている。

　協力についての知識に基づいて，我々はこれから形成しようとする行為連結システムの構想についてコミュニケーションし，過去に実現した以外の役割を受け入れ，連結したことがない行為や行ったことがない行為をする構えを構築する。現実に目の前で誰かが倒れれば，その近辺にいた人々は互いにコミュケーションし，倒れた人を介護する担当や救急隊を呼ぶ担当，場合によってはAEDを取りに行く担当などを受け入れ，そこにいる人々と初対面であっても状況に応じて必要な行為を受け入れようとする構えを構築する。新しいレストランの開店の時期には，そこで働く予定の人々が接客マニュアルやキッチンでの調理マニュアルなどを与えられ，自分の担当する仕事を受け入れると同時に，緊急時には自分の担当以外の仕事を行う構えを構築する。

　知識としての自分の役割を受け入れ，時には他者の役割の知識も得た後，我々は現実に行為し，行為を連結させ，それを実現した行為連結システムとして意識化する。構想した通りに行為が行われ，連結されるかもしれないが，構想とは異なる行為が必要となるかもしれないし，構想とは異なる行為連結が必要となるかもしれない。救急の連絡を取ろうとしても，携帯電話が通じないことがわかり，つながるところまで走る必要が生じるかもしれない。救急隊への連絡を担当していた人よりも，倒れた人を看護している自分のほうが走るのが速いと思えば，役割を交代するかもしれない。客が少ない時間帯

に働いている人が少なくなったレストランで，接客と調理の両方を担当するようにマニュアルが変更されるかもしれない。

　構想についてコミュニケーションし，それを受け入れた後の実際の行為の進行によって，制度的に秩序化された行為と行為連結が進行し，さらに制度的秩序化の構想が作られ，制度的秩序化とその受け入れの循環が進行する。こうした繰り返しによって社会的な行為システムとしての制度的秩序が具体的に形成される。同時に，制度的秩序についてのさまざまな知識が社会的に蓄積されていく。

　互酬性の観点で我々の行為は完成行為と間接行為に分けられるが，制度的秩序化とその受け入れの観点でも行為を2つに分類できる。1つは役割達成行為である。行為連結システムとしての制度についての社会的な知識の存在を前提とすれば，その制度を構成する行為はその制度の目的，その制度がもたらす結果の達成に不可欠である。したがって，その役割達成行為は日常的な型にはまった一連の行為，ルーティンとして繰り返され，一群の関係づけられたルーティンとして日常知を構成する。

　ルーティンとしての行為であっても，現実の行為はまったく同じではない。現実の行為の連結もまったく同じではない。多様な要因の結果として，日常知としての想定されていた行為や行為連結と実際に行われた行為や行為連結との間には相違が生じる。我々はその相違について語ることができる。さらには，構想としての新たな行為や新たな行為連結について語ることができる。もう1つの行為は，この自分たちの制度的秩序化とその受け入れについて語る行為，言わば役割表現行為である。

　役割表現行為とその連鎖にもまた制度的秩序化とその受け入れの循環が発生する可能性がある。役割達成行為の連鎖で形成されている特定の制度的秩序Aについての役割表現行為の連鎖が安定して形成されるのであれば，そのAについての役割表現がAの制度的秩序化とその受け入れの循環に必要な役割達成行為の連鎖として日常化し，役割表現を役割とする制度的秩序Bを形成することになる。その場合，Aとは別に，Bについての役割表現を連鎖さ

せる秩序化が発生する。役割達成行為連鎖の制度的秩序と役割表現行為の制度的秩序は入れ子を形成することもあるが，多くの役割表現行為は制度的秩序化だけで終了し，特定の組織として継続されることはない[12]。大学では学生への講義はルーティンであり，講義の仕方を改善するための教員間の情報交換は特定の大学さらには特定の学部の教員間に限られることはないし，常にそのような情報交換が為されるわけでもなく，情報交換する人々が固定化されることもない。しかし，講義の改善を目的とする「FD委員会」[13]のような講義の仕方について情報交換する組織を継続的に形成することがある。FD委員会の機能を提供するために日常的な講義の方法についての情報交換が日常化され，その情報交換の連鎖について表現する情報交換の連鎖が発生している。しかし，その連鎖は公式化されることもなく，参加者が固定されることもなく，継続することはない。

　制度的秩序についての経験が語られることでそれについての社会的な知識が形成されることになり，制度的秩序についての社会的な知識の形成がその秩序化を容易にする。制度的秩序化とその受け入れの総体としての具体的に実在している制度的秩序の背景にはその制度的秩序について語ることで形成された秩序についての一般化された社会的な知識が存在している。救急対応のような，制度的秩序化は一般的であっても，その受け入れは個別でユニークである。「個別の協力としては一度限りの協力関係」の形成にはこのような集主観知としての社会的な知識の存在が不可欠であり，その形成と受け入れにはことばによる表象が不可欠である。

　本書においては，全体を通して「ことば」による秩序の形成について議論してきた。第2章では社会的制度の形成と変異にことばが果たす役割についての議論が展開された。第3章では，制度の広がりが「表象の感染」という側面から議論され，第4章では，制度の継続がことばによる表明に依存しているさまが老舗を舞台にして議論された。第Ⅱ部では，イノベーションを題材にして，社会的制度の発生と普及に果たすことばの役割がモノやコトと対比される形で議論された。

もちろん，ことばがすべてではない。その意味で，我々は唯名論に立脚するのではない。しかし，我々は社会で生起しているモノ・コトを純粋に見ているのではなく，体験しているのではない。ことばを介して，あるいはことばを付随させながら経験している。我々は，自らの経験を整理するに際しても，研究を進めるに際しても，ことばによる表象に依拠していることを忘れてはならないだろう。

（内藤　勲）

〔付記〕
　本章は，内藤（2011）の一部を大幅に加筆・修正したものである。

◉注
1　盛山（1995）は不可能だとしている。
2　プリマック・ウッドラフ（Premack and Woodruff）の霊長類研究から始まる他者の心の理解に関する研究が，メタ表象や自他関係，注意の共有，ふりなどの心理機能と関連づけられ，あるいは自閉症などの発達障害と関連づけられて盛んに行われてきた。(熊谷，2004)。
3　開・長谷川（2009），p.133。そこでは，生後2カ月頃から始まる第1次間主観性成立期を「ほほえみ革命」と呼んでいる。
4　盛山（1995）は共同主観性という用語を用いている。
5　国語辞典（デジタル大辞泉）では社会は以下のように記述されている。①人間の集団としての営みや組織的な営み。②人々が生活している現実の世の中。③ある共通項によってくくられ他から区別される人々の集まりや仲間意識をもってみずからを他と区別する人々の集まり。ここでは，これらすべてを包括するように広くとらえ，何らかの境界がある人々の集団としておく。
6　数学的概念ではない。本章の議論のために提案した概念である。
7　盛山（1995），p.257。
8　本章の表現を使えば，重ね合わせて作った和集合の濃い部分にあたる。
9　チンパンジーの道具使用に関しては，ホワイトン・ボッシュ（A.Whiten and C. Boesch, 2001）に紹介されている。
10　モノ・コトの名前ないし名称は名詞という意味ではない。たとえば，動詞は動きにつけられた名称であり，形容詞や副詞は特徴につけられた名称である。
11　表象の世界は体験世界や意味世界を忠実に表現しているわけではない。そこには間違った表現や嘘の表現，あるいは架空の表現もある。間違いや嘘，架空とは何か，それがなぜ流通するのか，さらには間主観知の真偽といった問題はここでは議

論として取り上げない。
12 　役割達成行為の連鎖と役割表現行為の連鎖の区別はバーナードによる公式組織と非公式組織の区別とは異なる。役割表現行為の連鎖はワイクの組織化理論における多義性除去のための「連結サイクル」に相当する。非公式組織は公式組織を構成している人が，その公式組織の提供する機能を離れて行為を連鎖させることを指している。非公式組織で役割表現行為の連鎖が生じることがあっても，それは必要条件ではない。また，役割表現行為の連鎖は部分組織として公式化されることがあるので，役割表現行為の連鎖は非公式組織にとっての十分条件でもない。
13 　FD は Faculty Development のことで，大学における講義などの教育の質的向上を意味している。一般的に FD 委員会では，講義の改善など教員から学生へのさまざまな教育手段を改善することを目的としている。

参考文献

第 1 章

石井淳蔵（2003）「競争の場を作り出す競争」『国民経済雑誌』第188巻第 4 号，pp. 1 -16。

今井むつみ（2010）『ことばと思考』岩波新書。

松井剛（2013）『ことばとマーケティング』碩学舎。

八ツ塚一郎（2007）「「ボランティア」と「NPO」の社会的構成プロセスに関する新聞記事分析研究―「助詞分析」の試み」『実験社会心理学研究』第46巻第 2 号，pp.103-119。

矢守克也（2001）「社会的表象としての「活断層」―内容分析法による検討」『実験社会心理学研究』第41巻第 1 号，pp. 1 -15。

涌田幸宏（2014）「組織研究における表象の意義」『組織学会大会論文集』第 3 巻第 2 号，pp. 7 -13。

Berger, P. L. and T. Luckmann (1966) *The Social Construction of Reality : A Treatise on the Sociology of Knowledge*, Doubleday. (山口節郎訳『現実の社会的構成―知識社会学論考』新曜社，2003年)

Glynn, M. A. and R. Abzug (2002) "Institutionalizing Identity : Symbolic Isomorphism and Organizational Names," *Academy of Management Journal*, Vol.45, No. 1 , pp.267-280.

Hall, S. (1997) *Representation*, SAGE Publications.

Meyer, J. W. and B. Rowan (1977) "Institutionalized Organizations : Formal Structure as Myth and Ceremony," *American Journal of Sociology*, Vol.83, pp.340-363.

Mills. C. W. (1940) "Situated Actions and Vocabularies of Motive," in I. L. Horowitz (ed.) *Power, Politics, and People : The Collected Essays of C. Weight Mills*, Oxford University Press, pp.439-468. (田中義久訳「状況化された行為と動機の語彙」青井和夫・本間康平監訳『権力・政治・民衆』みすず書房，1971年，pp.344-355)

Moscovici, S. (1961) *La Psychanalyse son Image et son Public*, Presses Universitaires de France.

Moscovici, S. (1984) "The Phenomenon of Social Representation," in R. M. Farr and S. Moscovici (eds.) *Social Representations*, Cambridge University Press. [S. Moscovici (2000) *Social Representations: Explorations in Social Psychology*, Polity Press に所収（八ツ塚一郎訳「社会的表象という現象」未公刊，http://www.educ.kumamoto-u.ac.jp/~yatuzuka/moscoSR.html)]

Porac, J. F., H. Thomas, F. Wilson, D. Paton and A. Kanfer (1995) "Rivalry and the Industry Model of Scottish Knitwear Producers," *Administrative Science Quarterly*, Vol.40, pp.203-227.

Rosa, J. A., J. F. Porac, J. Runser-Spanjol and M. S. Saxon (1999) "Sociocognitive

Dynamics in a Product Market," *Journal of Marketing*, Vol.63 (Special Issue), pp.64-77.

Sperber, D. (1996) *Explaining Culture : A Naturalistic Approach*, Blackwell Publishers Limited. (菅野盾樹訳『表象は感染する』新曜社, 2001年)

Zilber, T. B. (2006) "The Work of the Symbolic in Institutional Processes : Translations of Rational Myths in Israel High Tech," *Academy of Management Journal*, Vol.49, No. 2, pp.281-303.

第2章

伊東維年 (2009)「地産地消に対する農協の基本方針と農協の農産物直売所の実態」『産業経営研究』(熊本学園大学付属産業経営研究所) 第28巻, pp. 1 -31。

梅野憲治郎 (1983)「地域農産加工についての一考察—「地産地消」と食品工業の課題」『農業と経済』第49巻第9号, pp.20-27。

岸康彦 (2008)「盛り上がる地産地消運動とJAの役割」『月刊JA』2008年5月号, pp.16-19。

佐竹義男 (2010)「最近のファーマーズマーケットの動向について」『JA総研レポート』第15号, pp.29-33。

篠原孝 (1990)「身土不二—食べ物は地産地消が原則」『農政調査時報』第403巻, pp.19-24。

鈴木智子 (2013)『イノベーションの普及における正当化とフレーミングの役割—「自分へのご褒美」消費の事例から』白桃書房。

武部勤 (2004)「食から日本人の生き方を見直すときがやってきた」『食の科学』2004年9月号, pp. 4 -14。

内藤勲 (2009)「流行・普及・停滞と意味ネットワーク」『日本情報経営学会誌』第30巻第1号, pp.64-76。

中村麻理 (2012)『シンボル構造と集合行為をめぐるダイナミクス』彩流社。

西岡晋 (2012)「福祉国家再編政治のミクロ解釈学」『金沢法学』第55巻第1号, pp. 1 -32。

樋口直人 (1999)「社会運動のミクロ分析」『ソシオロジ』第44巻第1号, pp.71-86。

藤末健三 (2011)「自由貿易協定に関する民主党国会議員発言の政権交代前後の変化—データマイニング手法を用いた国会議事録の分析」『アジア太平洋研究科論集』(早稲田大学) 第22巻, pp. 1 -20。

山本雅之 (2005)「JA改革と農産物流通—「ファーマーズ・マーケット」で切り開く経済事業改革」『農業協同組合新聞』2005年8月31日付。

涌田幸宏 (2015)「アジェンダ・セッティングにおける意味ネットワークとフレーミング—「地産地消」を事例として」『日本情報経営学会誌』第35巻第3号, pp. 4 -17。

涌田幸宏・内藤勲 (2013)「制度化の言語的プロセス—実践の語彙としての古民家再生を例として」『経営学研究』(愛知学院大学論叢) 第23巻第1号, pp.33-56。

JA全国女性組織協議会 (2002)『輝くあゆみ そして未来へ JA全国女性協50年史』。

Cole, R. W. (1985) "The Macropolitics of Organizational Change: A Comparative Analysis of the Spread of Small-group Activities," *Administrative Science Quarterly*, Vol.30,

pp.560-585.
Goffman, E. (1974) *Frame Analysis : An Essay on the Organization of Experience*, Northeastern University Press.
Lounsbury, M., M. Ventresca and P. M. Hirsch (2003) "Social Movements, Field Frames and Industry Emergence: A Cultural- Political Perspective on US Recycling," *Socio-Economic Review*, Vol.1, pp.71-104.
Schmidt, V. A. (2008) "Discursive Institutionalism : The Explanatory Power of Ideas and Discourse," *Annual Review of Political Science*, Vol.11, pp.303-326.
Strang, D. and J. W. Meyer (1993) "Institutional Conditions for Diffusion," *Theory and Society*, Vol.22, pp.487-511.
Rogers, E. M. (2003) *Diffusion of Innovations*, Fifth Edition, Free Press. (三藤利雄訳『イノベーションの普及』翔泳社, 2007年)
Snow, D. A., E. B. Rochford, S. K. Worden & R. D. Benford (1986) "Frame Alignment Processes, Micromobilization, and Movement Participation," *American Sociological Review*, 51-4, pp.464-481.
Snow, D. A. & R. D. Benford (1988) "Ideology, Frame Resonance, and Participant Mobilization," *International Social Movement Research*, 1, pp.197-217.

第 3 章
石黒ひで (1993)「「言語論的転回」とはなにか」『岩波講座現代思想 4　言語論的転回』岩波書店。
今村仁司編 (1988)『現代思想を読む事典』講談社現代新書。
川嶋康男 (2002)『椅子職人―旭川家具を世界ブランドにした少年の夢』大日本図書。
木村光夫 (2004)『旭川家具産業の歴史 (旭川叢書29)』旭川振興公社。
楠木建 (2010)『ストーリーとしての競争戦略―優れた戦略の条件』東洋経済新報社。
小松陽一・高井透編著 (2009)『経営戦略の理論と実践 (叢書アカデミア 2)』芙蓉書房出版。
島本実 (2014)『計画の創発―サンシャイン計画と太陽光発電』有斐閣。
Fodor, Jerry and Ernest Lepore (1992) *Holism : A Shopper's Guide*, Basil Blackwell Ltd. (柴田正良訳『意味の全体論』産業図書, 1997年)
Gabriel, Yiannis (2004) "Narratives, Stories and Texts," David Grant, Cynthia Hardy, Cliff Oswick, and Linda Putman (eds.) (2004) *The SAGE Handbook of Organizational Discourse*, SAGE Publications, London. (高橋正泰・清宮徹監訳『ハンドブック 組織ディスコース研究』同文舘出版, 2012年)
Quine, Willard Van Orman (1953) *From a Logical Point of View : 9 Logico-Philosophical Essays*, Harvard University Press. (飯田隆訳『論理的観点から―論理と哲学をめぐる九章』勁草書房, 1992年)
Rorty, Richard (1979) *Philosophy and the Mirror of Nature*, Princeton University Press,

New Jersey.（野家啓一監訳『哲学と自然の鏡』産業図書，1993年）
Sperber, D.（1996）*Explaining Culture : A Naturalist Approach*, Blackwell Publishing, Oxford, England.（菅野盾樹訳『表象は感染する』新曜社，2001年）
OKUNO JOURNAL
http://www.okuno-asahikawa.com/okuno_Journal/index.html

第4章

足立政男（1974）『老舗の家訓と家業経営』広池学園出版部。
加藤敬太（2008）「老舗企業研究の新たな展開に向けて―経営戦略論における解釈的アプローチから」『企業家研究』第5号，pp.33-44。
加藤敬太（2009）「老舗企業の長期存続プロセスと戦略転換―清州桜醸造における組織変動と組織学習」『企業家研究』第6号，pp.55-76。
加藤敬太（2010）『老舗企業の長期存続プロセスと戦略パターンに関する経時的研究』大阪大学大学院経済学研究科博士論文。
加藤敬太（2011）「老舗企業の長期存続ダイナミズムとサステイナブルな戦略―八丁味噌と岡崎地域をめぐる経時的分析」『組織科学』第45巻第1号，pp.79-92。
加藤敬太（2014）「ファミリービジネスにおける企業活動のダイナミズム―ミツカングループにおける7代当主と8代当主の企業家継承と戦略創造―」『組織科学』第47巻第3号，pp.29-39。
関西国際大学地域研究所（2004）『老舗企業の研究―未来をつくる企業へのアプローチ』関西国際大学地域研究所叢書2004。
神田良・岩崎尚人（1996）「経営戦略と持続的な競争力―老舗企業の調査結果から」『経済研究』（明治学院大学経済学会）第105号，pp. 59-85。
京都府編（1970）『老舗と家訓』京都府。
榊原清則（1992）「ドメイン―企業の生存領域」『組織科学』第25巻第3号，pp.55-62。
榊原清則（2010）「『人工物とその価値』の研究」『組織科学』第44巻第1号，pp.26-33。
中埜酢店創業百八十周年記念誌編纂委員会（1986）『七人の又左衛門―ミツカン百八十年の登音』中埜酢店。
沼上幹（1986）「過去と未来のマネジメント―新事業の開発プロセス」『ビジネスレビュー』第34巻第2号，pp.63-79。
野家啓一（2005）『物語の哲学』岩波書店。
ミツカングループ創業200周年記念誌編纂委員会（2004）『MATAZAEMON―七人の又左衛門（新訂版）』ミツカングループ本社。
宮本又次（1981）「老舗の特色と強み」大阪商工会議所編著『商いは永続とみつけたり―老舗250社のヒト・モノ・カネづくり』ダイヤモンド社，pp. 2 -20。
村上はつ（1985）「中埜財閥の形成」『地方金融史研究』第16号，pp.20-41。
森川英正（1985）『地方財閥』日本経済新聞社。

横澤利昌編（2000）『老舗企業の研究―100年企業に学ぶ伝統革新』生産性出版社。
横澤利昌編（2012）『老舗企業の研究―100年企業に学ぶ革新と創造の連続〔改訂新版〕』生産性出版。
米倉誠一郎（1998）「企業家および企業家能力―研究動向と今後の指針―」『社会学研究』（東京大学）第50巻第1号，pp.29-42。
Collins, J. C. and J. I. Porras（1994）*Built to Last: Successful Habits of Visionary Companies*, New York: Curtis Brown.（山岡洋一訳『ビジョナリー・カンパニー―時代を超える生存の原則』日経BP出版センター，1995年）
de Gues, A.（1997）*The Living Company*, Boston, Mass.: Harvard Business School Press.（堀出一郎訳『企業生命力』日経BP出版センター，2002年）
Miller, D.（1986）"Configurations of Strategy and Structure: Toward a Synthesis," *Strategic Management Journal*, Vol.7, pp.233-249.
Miller, D.（1996）"Configurations Revisited," *Strategic Management Journal*, Vol.17, pp.505-512.
Mintzberg, H., B. Ahlstrand and J. Lampel（1998）*Strategy Safari: The Complete Guide through the Wilds of Strategic Management*, 2nd ed., Financial Times Prentice Hall.（斎藤嘉則監訳『戦略サファリ―戦略マネジメント・コンプリートガイドブック』東洋経済新報社，2013年）
Penrose, E. T.（1995）*The Theory of the Growth of the Firm*, Third Edition, Oxford ; New York: Oxford University Press.（日高千景訳『企業成長の理論』ダイヤモンド社，2010年）
Weick, K. E.（1995）*Sensemaking in Organizations*, Thousand Oaks: Sage.（遠田雄志・西本直人訳『センスメーキング・イン・オーガニゼーションズ』文眞堂，2001年）

第5章

生田久美子（1987）『「わざ」から知る』東京大学出版会。
小川英次（1990）「情報化時代の技術のマネジメント」『情報系：OA学会論集』第1巻，pp.19-33。
亀山佳明（2010）「喩としての「わざことば」について」『龍谷大学社会学部紀要』第37巻，pp.43-51。
内藤勲（2014）「イノベーションと「学習する社会」」『経営管理研究所紀要（愛知学院大学）』第21号，pp.47-57。
野中郁次郎（1990）『知識創造の経営』日本経済新聞社。
一橋大学イノベーション研究センター編（2001）『イノベーション・マネジメント入門』日本経済新聞出版社。
福島正人（2010）『学習の生態学　リスク・実験・高信頼性』東京大学出版会。
松尾睦（2006）『経験からの学習　―プロフェッショナルへの成長プロセス』同文舘出版。

Christensen, Clayton M.（1997）*The Innovator's Dilemma*, Harvard Business Press.（伊豆原弓訳『イノベーションのジレンマ：技術革新が巨大企業を滅ぼすとき』翔泳社，2000年）

Drucker, Peter F.（1985）*Innovation and entrepreneurship*, Harper & Row.（小林宏治監訳，上田惇生・佐々木実智男訳『イノベーションと企業家精神―実践と原理』ダイヤモンド社，1985年）

Gibson, James J.（1979）*The Ecological Approach to Visual Perception*, Houghton Mifflin.（古崎敬・古崎愛子・辻敬一郎・村瀬旻訳（1985）『生態学的視覚論―ヒトの知覚世界を探る』サイエンス社）

Mansfield, Edwin（1968）*Industrial Research and Technological Innovation*, W. W. Norton & Company.（村上泰亮・高島忠訳『技術革新と研究開発』日本経済新聞社，1972年）

Polanyi, Michael（1966）*The Tacid Dimension*, Routledge & Kegan Paul.（佐藤敬三訳『暗黙知の次元―言語から非言語へ』紀伊國屋書店，1980年）

Posner, M. I.（ed.）（1989）*Foundations of Cognitive Science*, MIT Press.（佐伯胖・土屋俊監訳『記憶と認知』産業図書，1991年）

Schumpeter, Joseph A.（1934）*The Theory of Economic Development: An Inquiry into Profits, Capital, Credit, Interest, and the Business Cycle*, Harvard University Press.（塩野谷祐一・中山伊知郎・東畑精一訳『経済発展の理論：企業者利潤・資本・信用・利子および景気の回転に関する一研究』（上下巻）岩波書店，1977年）

Schutz, Alfred（1970）*On Phenomenology and Social Relations*（Edited by Helmut R. Wagner）, University of Chicago Press.（森川眞規雄・浜日出夫訳『現象学的社会学』紀伊國屋書店，1980年）

Weick, K. E.（1990）"Technology as Equivoque: Sensemaking in New Technologies," Paul S. Goodman and Lee Sproull（eds.）*Technology and Organizations*, Jossey-Bass.

第6章

古澤和行（2008）「技術経営におけるアーティファクトの意義とその影響」愛知学院大学『経営管理研究所紀要』第15号，pp.19-29。

古澤和行（2014）「アーティファクトの存在とイノベーション」『組織学会大会論文集』第3巻第2号，pp.28-34。

榊原清則（2010）「「人工物とその価値」の研究」『組織科学』第44巻第1号，pp.26-33。

吉田孟史（2012）「コトづくりと生活イノベーション」『青山経営論集』第46巻第4号，pp.121-134。

Abernathy, W. & Utterback, J.（1978）"Patterns of Industrial Innovation," *Technology Review*, 80, 40-47.

Christensen, C.（1997）*The Innovator's Dilemma*, Cambridge, Mass: Harvard Business School Press.

Cook, S. D. N. (2008)"Design and Responsibility: The Interdependence of Natural, Artifactual, and Human Systems," In P. E. Vermaas, P. Kroes, A. Light, & S. Moore (Eds.), *Philosophy and Design: From Engineering to Architecture*. (pp.259-269) Heidelberg: Springer.

Cook, S. D. N. and Yanow, D. (1993)Culture and Organizational Learning, *Journal of Management Inquiry*, Vol. 2 , No. 4 , pp.373-390.

Engeström, Y. (1987)*Learning by Expanding: An Activity-Theoretical Approach to Developmental Research*, Helsinki: Orienta-Konsultit.

Freeman, C. (1982) *The Economics of Industrial Innovation*. 2nd ed. London: Frances Pinter.

Gagliardi, P. (1996) "Exploring the Aesthetic Side of Organizational Life," In S. R. Clegg, C. Hardy & W. Nord (Eds.), *Handbook of Organization Studies*. (pp.565-580) London: Sage.

Gibson, J. J. (1979)*The Ecological Approach to Visual Perception*. Boston: Houghton Mifflin.

Hatch, M. J. (1993)"The Dynamics of Organizational Culture," *Academy of Management Review*, Vol. 18, No. 4 , pp.657-693.

Lave, J. & E. Wenger (1991) *Situated Learning: Legitimate Peripheral Participation*, Cambridge University Press.(佐伯胖訳『状況に埋め込まれた学習―正統的周辺参加』産業図書,1994年)

Mehrabian, A. (1972) *Nonverbal Communication*, Chicago: Aldine.

Polanyi, M. (1966) *The Tacit Dimension*, New York: Doubleday.(佐藤敬三訳『暗黙知の次元―言語から非言語へ』紀伊國屋書店,1980年)

Schein, E. H. (1985) *Organizational Culture and Leadership*, San Francisco: Jossey-Bass.(梅津裕良・横山哲夫訳『組織文化とリーダーシップ』白桃書房,2012年)

Utterback, J. (1994) *Mastering the Dynamics of Innovation*, Boston: Harvard Business School Press.

Van de Ven, A., Angle, H. & Poole M. (1989) *Research on the Management of Innovation*, New York: Harper and Row.

Verganti, R. (2009) *Design-Driven Innovation*, Massachusetts: Harvard Business Press.(佐藤典司監訳『デザイン・ドリブン・イノベーション』同友館,2012年)

von Hippel, E. (1988) *The Sources of Innovation*, Cambridge: MIT Press.

Weick, K. E. (1979) *The Social Psychology of Organizing*. 2nd ed., Addison-Wesley.(遠田雄志訳『組織化の社会心理学』文眞堂,1997年)

Yanow, D. (2006)"Studying Physical Artifacts: An Interpretive Approach," In A. Rafaeli, & M. G. Pratt. (Eds.), *Artifacts and Organizations: Beyond Mere Symbolism*. (pp.41-60) New Jersey: Lawrence Erlbaum Associates, Inc.

第7章

東正則監修（2006）『ものコトづくり―製造業のイノベーション』日経BP社。
新木廣海著（2005）『日本コトづくり経営』日経BP社。
荒木博之著（1985）『やまとことばの人類学』朝日新聞社。
宇野善康著（1990）『普及学講義』有斐閣。
岸田民樹編（2009）『組織論から組織学へ―経営組織論の新展開』文眞堂。
栗木契（2003）『リフレクティブ・フロー』白桃書房。
桑田耕太郎・田尾雅夫（1998）『組織論』有斐閣。
気仙沼市教育委員会編集（2010）『環境教育を基軸としたESDカリキュラムの開発と実践』2010年3月。
気仙沼市教育委員会編集（2007）『気仙沼市環境教育ESDカリキュラムガイド』。
小塩稲之編著（2011）『コトづくりモノづくり場おこし学』日本販路コーディネータ協会出版局。
白水繁彦（2011）『イノベーション社会学』お茶の水書房。
田中央（2003）『商品企画のシナリオ発想術―モノ・コトづくりをデザインする』岩波書店。
谷本ら（2013）『ソーシャル・イノベーションの創出と普及』NTT出版。
寺澤朝子（2009）「コトづくりに関する一考察―かすがいKIZUNAの事例を使って」中部大学『経営情報学部論集』第23巻第1，2号。
寺澤朝子（2014）「コトづくりとイノベーション」『組織学会大会論文集』第3巻第2号，pp.35-40。
常盤文克（2006）『コトづくりのちから』日経BP社。
内藤勲（2009）「流行・普及・停滞と意味ネットワーク」『日本情報経営学会』第30巻第1号。
長沢伸也編著（2007）『経験価値ものづくり』日科技連出版社。
Rogers, E. M. (1982) *Diffusion of Innovation, 3rd edition*, Macmillan Publishing.（青池慎一・宇野善康訳『イノベーション普及学』産能大学出版部，1983年）
Simmel, G. (1911) *Philosophische Kultur*, gesammelte Essais.（円子修平・大久保健治訳『文化の哲学―ジンメル著作集7』白水社，1976年）
Tarde, G. (1903) *The Laws of Imitation*, Holt.（風見八十二訳『模倣の原則』而立社，1924年）

第8章

赤川学（2006）『構築主義を再構築する』勁草書房。
岩井克人（1985）『ヴェニスの商人の資本論』筑摩書房。
工業技術院サンシャイン計画推進室（1984）『サンシャイン計画10年の歩み』。
資源エネルギー庁（2014）『エネルギー白書2014』。
島本実（2014）『計画の創発―サンシャイン計画と太陽光発電』有斐閣。
シャープ（1996）『太陽電池の世界』（改訂版）。

シュムペーター（1977，原著1912）『経済発展の理論：企業者利潤・資本・信用・利子および景気の回転に関する一研究』岩波書店。
中河伸敏・赤川学（2013）『方法としての構築主義』勁草書房。
中河伸敏・北澤毅・土井隆義（2001）『社会構築主義のスペクトラム─パースペクティブの現在と可能性』ナカニシヤ出版。
「NEDOBOOKS」編集委員会編（2007）『なぜ，日本が太陽光発電で世界一になれたのか』独立行政法人新エネルギー・産業技術総合開発機構。
プラトン（1974）『国家（上）（下）』岩波書店。
山家公雄（2009）『ソーラー・ウォーズ』エネルギーフォーラム。
涌田幸宏（2009）「組織フィールドの形成と意味ネットワークの焦点化：古民家再生イノベーションを例として」『日本情報経営学会誌』Vol.30, No.1, pp.77-87。
Scott, W. J. (1990) "PTSD in DSM-III: A Case in Politics of Diagnosis and Disease," *Social Problems*, Vol.37, No.3．（平英美・中河伸敏編『構築主義の社会学─論争と議論のエスノグラフィー』世界思想社，2000年，第6章所収）
Takagi Dana Y. (1990) "From Discrimination to Affirmative Action: Facts in the Asian American Admissions Controversy," *Social Problems*, Vol.37, No.4．（平英美・中河伸敏編『構築主義の社会学─論争と議論のエスノグラフィー』世界思想社，2000年，第7章所収）

第9章

苅谷剛彦・増田ユリヤ『欲ばりすぎるニッポンの教育』講談社，2006年。
杉本崇・高野陽太郎（2011）「対象に関する知識量が少ない場合のアンカリング効果：意味的過程説と数的過程説の比較」『認知心理学研究』第8巻第2号，pp.145-151。
常盤文克（2006）『コトづくりのちから』日経BP社。
吉田孟史（2012）「コトづくりと生活イノベーション」『青山経営論集』第46巻第4号，121-134頁。
Cook, S. D. N. (2008) "Design and Responsibility: The Interdependence of Natural, Artifactual, and Human Systems," In P. E. Vermaas, P., Kroes, A. Light, & S. Moore (Eds.), *Philosophy and Design: From Engineering to Architecture*, Heidelberg: Springer, pp.259-269.
Mehrabian, A. (1972) *Nonverbal Communication*, Chicago: Aldine.
Polanyi, M. (1966) *The Tacit Dimension*, New York: Doubleday.（佐藤敬三訳『暗黙知の次元─言語から非言語へ』紀伊國屋書店，1980年）
Weick, K. E. (1979) *The Social Psychology of Organizing*. 2nd ed. Addison-Wesley.（遠田雄志訳『組織化の社会心理学』文眞堂，1997年）
Yanow, D. (2006) "Studying Physical Artifacts: An Interpretive Approach," In A. Rafaeli, & M. G. Pratt. (Eds.), *Artifacts and Organizations: Beyond Mere Symbolism*. (pp.41-60) New Jersey: Lawrence Erlbaum Associates, Inc.

第10章

安藤史江（2001）『組織学習と組織内地図』白桃書房。
熊谷高幸（2004）「「心の理論」成立までの三項関係の発達に関する理論的考察―自閉症の諸症状と関連して」『発達心理学研究』第15巻第1号，pp.77-88。
白石弘幸（2009）「組織学習と学習する組織」『金沢大学経済論集』第29巻第2号，pp.233-261。
盛山和夫（1995）『制度論の構図』創文社。
内藤勲（2007）「日常知を形成する行為の連鎖―組織化を探る背景として」『経営管理研究所紀要（愛知学院大学）』第14号，pp.17-34。
内藤勲（2010）「意味空間の形成とコミュニティ―ペットボトル回収機の普及を例として」『経営管理研究所紀要（愛知学院大学）』第17号，pp.61-69。
内藤勲（2011）「「学習する組織」から「学習する社会」へ―共同知と共用知を巡って」『日本情報経営学会誌』第31巻第3号，pp.52-65。
長崎勤・中村晋・若井広太郎・吉井勘人（2009）『自閉症児のための社会性発達支援プログラム―意図と情動の共有による共同行為』日本文化科学社。
西田豊明・角康之・松村真宏（2009）『社会知デザイン』オーム社。
開一夫・長谷川寿一編（2009）『ソーシャルブレインズ―自己と他者を認知する脳』東京大学出版会。
Berger, Peter L. and Thomas A. Luckmann（1966）*Social Construction of Reality: Treatise in the Sociology of Knowledge*, Doubleday.（山口節郎訳『現実の社会的構成―知識社会学論考（新訳版）』新曜社，2003年）
Goodman, N. and Elgin, C. Z.（1988）*Reconceptions in Philosophy and Other Arts and Sciences*, Hackett Pub.（菅野盾樹訳『記号主義―哲学の新たな構想』みすず書房，2001年）
Schutz, Alfred（1970）*On Phenomenology and Social Relations*（Edited by H. R. Wagner）, University of Chicago Press.（森川眞規雄・浜日出夫訳『現象学的社会学』紀伊國屋書店，1980年）
Senge, Peter M.（1990）*The Fifth Discipline*, Currency Doubleday.（守部信之・飯岡美紀・石岡公夫・内田恭子・河江裕子・関根一彦・草野哲也・山岡万里子訳『最強組織の法則―新時代のチームワークとは何か』徳間書店，1995年）
Weick, Karl E.（1995）*Sensemaking in Organization*, Sage Publications.（遠田雄志・西本直人訳『センスメーキング・イン・オーガニゼーションズ』文眞堂，2001年）
Whiten, Andrew and Christophe Boesch（2001）"The Cultures of Chimpanzees," *SCIENTIFIC AMERICAN*, Nature America, January, pp.61-67.（伊谷原一訳「文化から探るチンパンジー社会」『日経サイエンス』日経サイエンス社，2001年4月号，pp.84-93）
Wiley, N.（1988）"The Micro-Macro Problem in Social Theory," *Sociological Theory*, Vol.6, No.2, pp.254-261.

■執筆者紹介（執筆順）

涌田　幸宏（わくた・ゆきひろ）　　　　　　　　第1章，第2章
　編著者紹介参照

小松　陽一（こまつ・よういち）　　　　　　　　第3章
　1973年　神戸大学大学院経営学研究科博士課程後期課程単位修得満期退学
　現在　　前・関西大学総合情報学部教授
　主著　　『経営戦略の理論と実践』（共編著）芙蓉書房出版，2009年

加藤　敬太（かとう・けいた）　　　　　　　　　第4章
　2010年　大阪大学大学院経済学研究科博士後期課程修了
　現在　　小樽商科大学商学部准教授
　主著　　「ファミリービジネスにおける企業家活動のダイナミズム」『組織科学』第47巻第
　　　　　3号，pp.29-39，2014年

内藤　勲（ないとう・いさお）　　　　第5章，第9章1節・6節，第10章
　編著者紹介参照

古澤　和行（こざわ・かずゆき）　　　　　第6章，第9章2節，5節(1)
　2005年　名古屋大学大学院経済学研究科博士後期課程修了
　現在　　愛知学院大学経営学部准教授
　主著　　"A Study of Value Creation by Experience with Artifacts: A Case of *Kotozukuri*
　　　　　for Strategic Management," *Journal of Strategic Management Studies*, Vol.6, No.2,
　　　　　pp.37-42, 2014.

寺澤　朝子（てらざわ・あさこ）　　　　　第7章，第9章3節，5節(2)
　1995年　名古屋大学大学院経済学研究科経営学専攻博士課程単位取得満期退学
　現在　　中部大学経営情報学部教授
　主著　　『個人と組織変化―意味充実人の視点から（改訂版）』文眞堂，2012年

島本　実（しまもと・みのる）　　　　　　8章，第9章4節，5節(3)
　1999年　一橋大学大学院商学研究科博士課程修了
　現在　　一橋大学大学院商学研究科教授
　主著　　『計画の創発―サンシャイン計画と太陽光発電』有斐閣，2014年

■編著者紹介

内藤　勲（ないとう・いさお）
1988年　名古屋大学大学院経済学研究科博士（後期）課程単位取得満期退学
現在　　愛知学院大学経営学部教授
主著　　『価値創造の経営学』（編著）中央経済社，2003年

涌田　幸宏（わくた・ゆきひろ）
1991年　慶應義塾大学大学院商学研究科博士課程単位取得満期退学
現在　　名古屋大学大学院環境学研究科准教授
主著　　『コミュニティ・ラーニング―組織学習論の新展開』ナカニシヤ出版，2008年

表象の組織論

2016年1月25日　第1版第1刷発行

編著者	内　藤　　　勲
	涌　田　幸　宏
発行者	山　本　　　継
発行所	㈱中央経済社
発売元	㈱中央経済グループパブリッシング

〒101-0051　東京都千代田区神田神保町1-31-2
電話　03 (3293) 3371（編集代表）
　　　03 (3293) 3381（営業代表）
http://www.chuokeizai.co.jp/
印刷／東光整版印刷㈱
製本／㈱関川製本所

ⓒ 2016
Printed in Japan

＊頁の「欠落」や「順序違い」などがありましたらお取り替えいたしますので発売元までご送付ください。（送料小社負担）

ISBN 978-4-502-17221-2　C3034

JCOPY〈出版者著作権管理機構委託出版物〉本書を無断で複写複製（コピー）することは，著作権法上の例外を除き，禁じられています。本書をコピーされる場合は事前に出版者著作権管理機構（JCOPY）の許諾をうけてください。
JCOPY〈http://www.jcopy.or.jp　eメール：info@jcopy.or.jp　電話：03-3513-6969〉